# VEGETARISCH KOCHEN

## Saisonal, gesund und lecker

**Herausgeber**
Verbraucherzentrale Nordrhein-Westfalen e. V.
Mintropstraße 27, 40215 Düsseldorf
Telefon: 02 11/38 09-5 55
Telefax: 02 11/38 09-2 35
E-Mail: publikationen@vz-nrw.de
www.vz-nrw.de

**Rezepte und Text**
Kathi Dittrich

**Fotograf**
Christian Hacker, Berlin

**Foodstyling**
Wibke Westerfeld

**Koordination**
Wibke Westerfeld

**Fachliche Betreuung**
Ursula Plitzko

**Nährwertberechnung**
Luisa Cameli

**Projektbetreuung**
Dr. Doris Mendlewitsch, Düsseldorf
www.mendlewitsch.de

**Produktion**
Werkstatt München GbR

**Designkonzept & Gestaltung**
Arndt Knieper, München

**Umschlaggestaltung**
Arndt Knieper, München

**Satz**
Anja Dengler,
Werkstatt München GbR

**Druck und Bindung:**
Stürtz GmbH, Würzburg

**Bildnachweis**
Fotoproduktion: Christian Hacker
Weitere Fotos:Trinette Reed Photography/Stocksy: S. 20/21, PavelGr/Stocksy: S. 58/59, Stocksy: S. 98/99, Jeff Pachoud/ Getty Images/AFP Creative: S. 134/135, Stocksy: S. 174

**Redaktionsschluss**
Februar 2015

**Bibliografische Information der Deutschen Bibliothek**
Die Deutsche Bibliothek verzeichnet diese Publikation in der Deutschen Nationalbibliografie; detaillierte bibliografische Daten sind im Internet unter http://dnb.ddb.de abrufbar.

1. Auflage 2015, 6.000 Exemplare


Printed in Germany
Gedruckt auf 100 % Recyclingpapier

ISBN 978-3-86336-050-4

# VEGETARISCH KOCHEN

## Saisonal, gesund und lecker

*Autorin*
KATHI DITTRICH

*Fotograf*
CHRISTIAN HACKER

# EINFÜHRUNG



# FRÜHLING



# SOMMER



🌿 = vegan

# HERBST



# WINTER



# ANHANG

# VEGETARISCH KOCHEN UND ESSEN: MACHT SPASS UND IST GESUND

## GENUSSVOLL DIE GESUNDHEIT UND DAS KLIMA SCHÜTZEN

Der vegetarischen Ernährung gehört die Zukunft – da sind sich Umweltschützer, Klimaexperten und Mediziner einig. Für die Umwelt und für die Gesundheit weist die vegetarische Ernährung viele Vorteile auf. Probieren Sie die vegetarischen Rezepte doch einfach einmal aus und bauen Sie Tage ohne Fleisch in Ihren Wochenplan ein. Sie müssen sich ja nicht radikal und alternativlos für fleischlose Kost entscheiden.

Mit unseren Rezepten werden Sie ganz neue Geschmackserlebnisse entdecken. Es macht wirklich Spaß, neue „alte" Gemüsearten wie Petersilienwurzel kennenzulernen oder Getreide wie Dinkel, Hirse und Grünkern gekonnt in Szene zu setzen. Bei würzigen Pilz-Schalotten-Spießen, cremigem Spargelrisotto oder knusprigem Flammkuchen kann auch ein eingefleischter Steakesser schwach werden. Wenn Sie gut essen wollen, neue Gerichte kennenlernen und beim Kochen Freude haben möchten, dann ist dieses Kochbuch genau das Richtige für Sie.

Vorab noch einige grundlegende Informationen zur vegetarischen Küche.

### Vier Gründe für eine vegetarische Ernährungsweise

Es gibt viele Argumente, mit denen die Menschen ihre Abkehr vom Fleisch bzw. ihre Zuwendung zum Vegetarismus begründen. Im Wesentlichen lassen sie sich diesen Bereichen zuordnen:

1. Gesundheit,
2. Tierschutz,
3. Klimaschutz,
4. Welternährung.

#### GESUNDHEIT

Eine vegetarische Ernährung kann dazu beitragen, gesund zu bleiben. Nicht nur vor Herz-Kreislauf-Problemen wie erhöhten Blutfettwerten, Arteriosklerose und Bluthochdruck kann eine pflanzenbetonte Kost schützen. Auch Übergewicht, Diabetes Typ 2, Gicht, Nieren- und einige Krebserkrankungen wie Dickdarmkrebs treten bei Vegetariern seltener auf. Ernährungsexperten empfehlen zum Beispiel auch, zur Krebsvorbeugung den Fleischkonsum zu beschränken. Wie viel das konkret bedeutet, wird unterschiedlich gesehen. Die Fachleute der Deutschen Gesellschaft für Ernährung (DGE) raten dazu, maximal 600 Gramm Fleisch und Wurst pro Woche zu essen, der World Cancer Research Fund (WCRF) sieht die Grenze bei 500 Gramm. Die WCRF-Experten sind auch der Ansicht, dass man so wenig wie möglich Fleisch in verarbeiteter Form zu sich nehmen sollte, also wenig Wurst und Fleischwaren, da sie durch weitere Inhaltsstoffe wie Salz, Nitritpökelsalz und Räucherstoffe die Gesundheit beeinträchtigen können.

Der gesundheitliche Vorsprung einer überwiegend pflanzlichen Lebensmittelauswahl beruht vermutlich auf zwei Säulen. Zum einen essen Vegetarier weniger problematische Inhaltsstoffe wie gesättigte Fettsäuren, Cholesterin, Purine und Salz aus Fleisch und Wurstwaren. Zum anderen kommen sie in den vollen Genuss gesundheitsförderlicher Stoffe wie ungesättigter Fettsäuren, Ballast- und sekundärer Pflanzenstoffe, die in Gemüse, Obst, Hülsenfrüchten, Getreide und Nüssen reichlich enthalten sind.

#### TIERSCHUTZ

Viele Menschen bevorzugen eine vegetarische Ernährung, weil sie die Bedingungen, unter denen Tiere für den Konsum gezüchtet und aufgezogen werden, für nicht akzeptabel halten. Sie argumentieren mit der Würde des Tieres oder mit der Achtung vor der Schöpfung. Für viele Menschen, die nicht rein vegetarisch leben, lindert der bewusste Einkauf von Fleisch oder Fleischprodukten, die unter besonders kontrollierten Bedingungen hergestellt wurden, diese Einwände. Sie greifen zu Bio-Erzeugnissen, achten auf die artgerechte Haltung und essen weniger Fleisch (zu den unterschiedlichen Formen des Vegetarismus mehr auf Seite 8).

### KLIMASCHUTZ

Um unseren großen Fleischhunger zu befriedigen, müssen nicht nur die Tiere leiden. Es werden auch Regenwälder für Futtermittel abgeholzt, Felder mit Gülle überdüngt und das Klima wird durch Treibhausgase aus der Tierhaltung belastet. Die Konzentration klimaschädlicher Gase in der Erdatmosphäre ist so hoch wie nie zuvor. In Deutschland verursacht jeder Bürger allein durch seine Ernährung 2,1 Tonnen Treibhausgase im Jahr, die zur Klimaerwärmung beitragen, so das Bundesministerium für Umwelt, Naturschutz und Reaktorsicherheit. Unsere Nahrungsmittel werden erzeugt, transportiert, gelagert, weiterverarbeitet, landen teilweise im Abfall und müssen entsorgt werden. All dies verbraucht Energie. Bei der Erzeugung tierischer Lebensmittel wie Fleisch, Milch und Eier entstehen deutlich mehr klimawirksame Gase als beim Anbau von Obst, Gemüse und Getreide. Beispiel: Eine Mahlzeit, die aus einer 140-Gramm-Frikadelle mit 200 Gramm Kartoffeln besteht, verursacht 1.100 g $CO_2$-Äquivalente. Ein Essen aus 400 Gramm Mischgemüse mit 250 Gramm Kartoffeln und 15 Gramm Öl erzeugt nur 140 Gramm $CO_2$-Äquivalente.

Als „klimafreundlich" gelten auch Lebensmittel, die gerade Saison haben und aus der näheren Umgebung stammen. Vor allem Obst, Gemüse und Milch aus der Region haben eine bessere Umweltbilanz als importierte Produkte. Flugware belastet das Klima besonders stark. Eingeflogen werden in der Regel empfindliche Südfrüchte, Spargel und grüne Bohnen aus Übersee sowie frischer Fisch aus Afrika und Asien. Zu berücksichtigen ist aber auch: Alles ist relativ und hängt von den konkreten Umständen ab. Die Klimabilanz verschlechtert sich auch für regionale Produkte rapide, wenn sie in beheizten Gewächshäusern angebaut werden. So kann beispielsweise ein heimischer Kopfsalat doppelt so viele Treibhausgas-Emissionen verursachen wie ein aus Spanien importierter Salat, der im Freiland angebaut wurde.

Am stärksten aber wirkt sich das Verhalten des Verbrauchers aus. Wer etwa für 5 Kilometer mit dem Auto fährt, um 1 Kilo Äpfel aus der Region zu kaufen, verursacht damit genauso viele $CO_2$-Emissionen wie durch den Kauf von Äpfeln aus Neuseeland.

### WELTERNÄHRUNG

Weltweit hat sich der Fleischkonsum in den letzten 60 Jahren mehr als verdoppelt. Vor allem in Asien und vielen Schwellenländern kommt immer mehr Fleisch auf den Tisch. Um die Futtertröge von Nordamerika bis Australien zu füllen, werden inzwischen auf einem Drittel aller landwirtschaftlichen Flächen der Erde Soja und andere Futtermittel angebaut. Angesichts des nach wie vor weit verbreiteten Hungers in der Welt und der ständig wachsenden Weltbevölkerung stellt sich vielen die Frage, wie lange wir uns den Luxus des hohen Fleischkonsums noch leisten können. Um eine Kalorie eines tierischen Lebensmittels zu erzeugen, muss je nach Tierart das 7- bis 9-Fache an Kalorien aus pflanzlichen Futtermitteln verfüttert werden. Wenn wir den jährlichen Fleischkonsum auf knapp 38 Kilogramm pro Person begrenzen könnten, würden etwa 400 Millionen Tonnen Getreide für die menschliche Ernährung zur Verfügung stehen. Das reicht, um 1,2 Milliarden Menschen satt zu machen. Derzeit verspeist jeder Deutsche im Schnitt knapp 60 Kilogramm Fleisch und Wurst pro Jahr, Frauen deutlich weniger als Männer.

## Zwischen Veganer und Flexitarier

So vielfältig wie die Gründe sind auch die verschiedenen Ausprägungen einer vegetarischen Ernährung: Die einen essen nichts vom toten Tier, verwenden aber Milch, Käse und Eier. Andere lassen auch Eier weg, wiederum andere essen zwar Fisch, aber keine Säugetiere. Am strengsten sind die Veganer. Sie sagen sich: Jegliches Halten und Töten von Tieren ist von Übel. Kein Tier soll in irgendeiner Weise für meine persönlichen Bedürfnisse benutzt oder gar ausgebeutet

### VEGETARISCH UND BIO – NOCH BESSER FÜRS KLIMA

Die Treibhausgas-Bilanz von biologischen Lebensmitteln ist meistens besser als die von konventionell hergestellten. Hauptgrund ist der Verzicht auf energieaufwendig produzierte Düngemittel und Pestizide. Außerdem greifen Biobauern weniger auf Futtermittel zurück, die aus Übersee zugekauft werden. Allerdings muss berücksichtigt werden, dass die Erträge im Ackerbau geringer und die Leistungen in der Tierproduktion niedriger sind. Auf jeden Fall kann man sagen, dass ökologischer Landbau eine besonders umwelt- und ressourcenschonende Form der Landwirtschaft ist.

werden. Veganer meiden deshalb konsequent alle Lebensmittel vom Tier und essen weder Fleisch, Fisch noch Eier oder Milchprodukte. Auch Honig und Gelatine werden als tierische Erzeugnisse vom Speiseplan gestrichen. Viele Veganer verwenden zudem keine Schuhe, Taschen oder andere Produkte aus Leder; ebenso verzichten sie auf Erzeugnisse mit Federn und Daunen, weil es sich gleichfalls um Produkte vom Tier handelt.

Wesentlich lockerer handhaben es die Flexitarier, also „Teilzeit-Vegetarier". Sie essen beispielsweise an bestimmten Wochentagen oder generell zu Hause vegetarisch. Auf Festen oder unterwegs greifen sie durchaus auch einmal zu einem Steak oder einem Bratwürstchen.

## Fünf Gruppen Vegetarier

1 **Flexitarier oder Teilzeit-Vegetarier**
essen alle Lebensmittel, jedoch nur selten Fisch und Fleisch

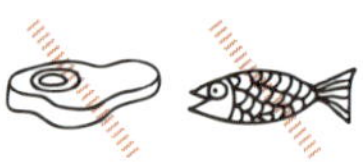

2 **Ovo-Lakto-Vegetarier**
kein Fleisch, kein Fisch

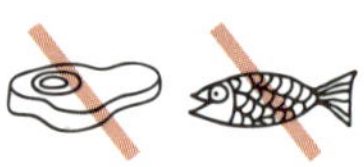

3 **Lakto-Vegetarier**
kein Fleisch, kein Fisch, kein Ei

4 **Ovo-Vegetarier**
kein Fleisch, kein Fisch, keine Milch

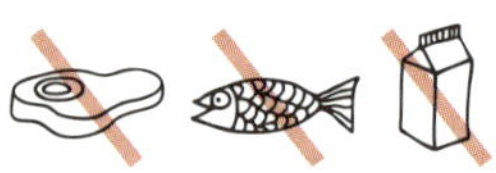

5 **Veganer**
keine vom Tier stammenden Nahrungsmittel oder Gegenstände

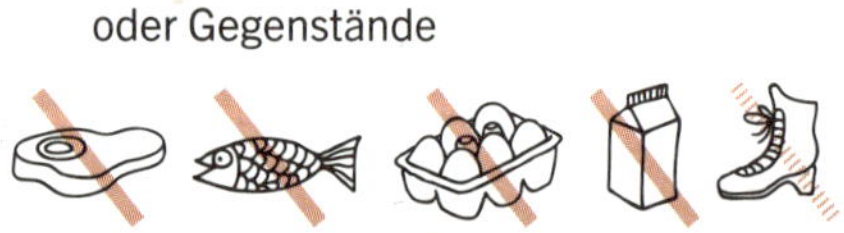

## So schmeckt es der ganzen Familie

Wenn nicht alle Familienmitglieder bei einer vegetarischen Kost mitziehen wollen, kann das Kochen ganz schön kompliziert werden. Am besten ist es, die Zutaten bzw. ihr Fehlen nicht besonders zu thematisieren, sondern einfach lecker vegetarisch zu kochen und den Gaumen entscheiden zu lassen. Eingeschworene Fleischesser überzeugen Sie am leichtesten mit deftigen Schmorgerichten und Gebackenem: Kräftig angebratene Zwiebeln und Pilze ergeben einen dunklen, würzigen Fond. Mit Käse überbackene Aufläufe oder Bratlinge wie die Haferpuffer (Rezept Seite 44) oder die Grünkernnocken (Rezept Seite 148) kommen ebenfalls bei den meisten Fleischliebhabern gut an. Bei süßen Ofenschlupfern (Rezept Seite 91) oder Topfenschmarrn (Rezept Seite 53) wird ohnehin keiner eine Fleischeinlage vermissen.

Wenn Fleischesser und Vegetarier gemeinsam an Ihrem Tisch sitzen, müssen Sie nicht unbedingt unterschiedliche Gerichte kochen. Viele der hier vorgestellten vegetarischen Rezepte lassen sich für Fleischfans ganz einfach abwandeln: Aus der Tomatensoße wird mit angebratenem Hackfleisch im Handumdrehen eine Bolognese, die schnelle Gemüsepfanne wird durch gebratenes Geschnetzeltes ergänzt und in der vegetarischen Kürbis-Lasagne lässt sich hervorragend ein tiefgefrorenes oder frisches Fischfilet mitbacken. Zum Abendbrot lenken eine deftige Linsen- oder Kartoffelsuppe bzw. ein sättigender Nudelsalat von der „fehlenden" Wurstplatte ab.

Man muss aus der vegetarischen Ernährungsweise keine Ideologie machen, die das tägliche Leben einschränkt. Im Gegenteil: Mit den vegetarischen Gerichten, die wir hier vorstellen, eröffnen sich viele kreative Möglichkeiten, die Freude am Kochen und den Genuss beim Essen zu steigern.

# DARAUF SOLLTEN VEGETARIER ACHTEN

## LEBENSMITTEL UNTER DER LUPE: VON NÄHRSTOFFEN UND KENNZEICHNUNG

Früher bekamen Vegetarier häufig zu hören: „Du isst kein Fleisch, da fehlt dir doch was." Vor allem an Eiweiß und Eisen sollte es bei der vegetarischen Kost mangeln. Mittlerweile haben Untersuchungen gezeigt, dass Vegetarier ausreichend Eiweiß aufnehmen, besonders wenn bei ihnen Milch und Ei regelmäßig auf den Tisch kommen. Auch viele pflanzliche Lebensmittel enthalten reichlich Eiweiß, allen voran Bohnen, Linsen und Erbsen sowie Nüsse, Getreide und Kartoffeln. Die Kombination verschiedener pflanzlicher Lebensmittel, beispielsweise von Mais mit Bohnen, kann sogar eine bessere Eiweißqualität liefern als Fleisch. Daher müssen sich selbst Veganer keine Sorgen um ihre Eiweißzufuhr machen. Im Gegenteil, sie stehen sogar günstiger da als der Durchschnittsdeutsche, der in der Regel mehr Eiweiß verzehrt, als für ihn gut ist. Bei der Versorgung mit Vitamin $B_{12}$ müssen Veganer aber besonders aufpassen (mehr dazu auf Seite 10).

Mit Eisen können sich Vegetarier ebenfalls ausreichend versorgen. Viel Eisen enthalten beispielsweise Spinat, Schwarzwurzeln, Linsen und Pfifferlinge. Aus Gemüse, Getreide und anderen pflanzlichen Lebensmitteln ist der blutbildende Mineralstoff zwar schlechter verfügbar als aus tierischen. Die Eisenaufnahme wird aber gesteigert, wenn eisenreiche pflanzliche Lebensmittel wie Hafer oder Hülsenfrüchte gleichzeitig mit Vitamin-C-reichem Gemüse oder Obst gegessen werden. Ideal ist beispielsweise ein Müsli mit Haferflocken und Obst oder ein Linsensalat mit Paprika.

### Gezielte Auswahl von Nährstoffen

Bei vielen anderen Nährstoffen sind Vegetarier ebenfalls meist besser dran als der Durchschnitt. Die vegetarische Küche ist in der Regel fettärmer als die normale deutsche Kost und liefert mehr wertvolle pflanzliche Fette und ungesättigte Fettsäuren. Auch bei Ballaststoffen, sekundären Pflanzenstoffen, den Vitaminen $B_1$, $B_6$, C und Folat liegt die vegetarische Ernährung vorn.

Der Gesundheitszustand von Vegetariern hängt jedoch nicht allein von der Ernährung ab. Meistens sind Vegetarier im Allgemeinen gesundheitsbewusster. Sie rauchen selten, treiben Sport und trinken weniger Alkohol als andere Menschen – was zu ihrem guten körperlichen Zustand ebenfalls beiträgt.

Eine Ernährung ohne Fleisch ist praktisch in jeder Lebensphase möglich. Selbst in der Schwangerschaft und Stillzeit bekommt der Körper ausreichend Nährstoffe. Wer seine Kinder ohne Fleisch großziehen möchte, kann mit Milch, Milchprodukten, Vollkorn, eisenreichem Gemüse und Vitamin-C-haltigem Obst ebenfalls für ausreichend Eiweiß, Eisen und Kalzium sorgen. Vegetarische Kinder werden bei einem ausgewogenen Speiseplan gesund groß.

#### SONDERFALL VEGAN

Problematisch wird es jedoch, wenn auch Milch und Eier als Nährstoffquellen wegfallen. Die Muttermilch vegan lebender Frauen ist häufig arm an Vitamin $B_{12}$ und Vitamin D. Und eine Beikost ohne Milch kann zu Problemen bei der Vitamin-$B_{12}$-, Eisen-, Zink-, Jod- und Kalziumversorgung führen. Rein pflanzlich ernährte Säuglinge weisen oft einen schlechten Ernährungsstatus bis hin zu Anämien aus. Es ist daher davon abzuraten, seinen Nachwuchs rein vegan zu ernähren.

## DARAUF SOLLTEN VEGANER ACHTEN

**Kalzium:** Zur besseren Kalziumversorgung kann ein kalziumreiches Mineralwasser mit mindestens 250 Milligramm Kalzium pro Liter beitragen. Auch Nüsse, vor allem Mandeln und Samen wie Sesam, sowie dunkelgrüne Gemüse liefern den Mineralstoff.

**Jod:** Für eine ausreichende Jodversorgung sollten Sie konsequent jodiertes Salz verwenden, ebenso in verarbeiteten Lebensmitteln wie Brot darauf achten. Auch Meeresalgen enthalten Jod.

**Eisen:** Eisen kann über Getreide, Hülsenfrüchte, Samen und Nüsse, Trockenfrüchten und Gemüse zugeführt werden. Vitamin-C-reiche Lebensmittel wie Kohl, Paprika oder Zitrusfrüchte verbessern die Aufnahme des Mineralstoffs.

**Zink:** Zur Zinkversorgung tragen Vollkornprodukte, Hülsenfrüchte, Ölsamen und Nüsse bei.

**Omega-3-Fettsäuren:** Gute pflanzliche Quellen für die Omega-3-Fettsäure Alpha-Linolensäure sind Lein-, Leindotter-, Raps- und Walnussöl sowie Leinsamen und Nüsse.

**Vitamin $B_2$:** Vollkornprodukte, Nüsse, Pilze, Samen und Hülsenfrüchte sind gute pflanzliche Quellen.

**Vitamin $B_{12}$:** Wer sich über eine längere Zeit komplett vegan ernährt, muss Vitamin B12 über angereicherte Lebensmittel, spezielle Zahnpasta oder als Nahrungsergänzungsmittel zuführen.

**Vitamin D:** Der Mensch benötigt Vitamin D unter anderem für den Knochenaufbau. Über die Nahrung wird generell nur wenig des fettlöslichen Vitamins aufgenommen. Der Körper kann es aber durch Einwirkung von UV-Licht in der Haut selbst herstellen. Der Aufenthalt im Freien fördert diesen Prozess, eine halbe Stunde pro Tag ist empfehlenswert. Selbst bei bedecktem Himmel kommt noch genügend UV-Strahlung durch. Im Winter ist allerdings die Strahlungskapazität auf der Nordhalbkugel zu gering. Wer seine Speicher jedoch in den Sommermonaten gut füllt, kann damit durch den Winter kommen.

Gerade im Wachstumsalter benötigen Kinder und Jugendliche dringend Nährstoffe wie Vitamin $B_{12}$, Vitamin D, Eisen und Kalzium für die Blut- und Knochenbildung.

Im hohen Alter kann eine vegane Ernährung ebenfalls problematisch sein. Mit zunehmendem Lebensalter nimmt der Körper einige Nährstoffe wie Vitamin $B_{12}$, $B_6$ und Kalzium schlechter auf und ist auf besonders gut verfügbare Quellen wie Milch und Fleisch angewiesen. Zudem benötigen Senioren in hohem Alter mehr Eiweiß und eine besonders energiereiche Kost, da sie in der Regel nicht mehr so viel Nahrung aufnehmen. Dies alles ist mit einer veganen Ernährung kaum zu bewerkstelligen.

Rund jeder zehnte Vegetarier streicht nicht nur Fleisch und Fisch von der Einkaufsliste, sondern auch Milch, Eier und alle anderen Produkte vom Tier. Vor allem Vitamin $B_{12}$, Kalzium, Jod, Zink, Eisen und Omega-3-Fettsäuren aus Fisch kommen bei einer rein pflanzlichen Lebensmittelauswahl zu kurz. Wer auf vegane Ernährung umstellt, muss daher auf eine ausgewogene Mischung an pflanzlichen Lebensmitteln besonders achten. Vollkorngetreide wie Naturreis, Vollkornbrot und Haferflocken sowie Hülsenfrüchte wie Linsen und Bohnen gehören dann auf alle Fälle regelmäßig auf den Speiseplan. Für reichlich Kalzium und Omega-3-Fettsäuren sorgen Mandeln, Walnüsse, Haselnüsse, Leinsamen und Sesam. Mineralwasser kann ebenfalls ein guter Kalziumlieferant sein, wenn es mindestens 250 Milligramm Kalzium pro Liter enthält.

Wenn Fisch und Meeresfrüchte als Quellen für Omega-3-Fettsäuren wegfallen, sollten bevorzugt Omega-3-reiche pflanzliche Öle wie Lein-, Raps- und Walnussöl verwendet werden.

Das für die Schilddrüse wichtige Jod kann über jodiertes Salz aufgenommen werden. Da wir das meiste Salz über verarbeitete Lebensmittel wie Brot, Gebäck und Aufstriche verzehren, sollten auch diese Lebensmittel mit Jodsalz hergestellt sein. Algen aus dem Meer enthalten ebenfalls Jod. Die Mengen schwanken jedoch stark und sind manchmal so hoch, dass sie schon nicht mehr empfohlen werden können. Wer Algen verzehrt, sollte auf kontrollierte Produkte achten, bei denen der Jodgehalt standardisiert ist.

Zink ist aus tierischen Lebensmitteln für den Menschen besser verfügbar als aus pflanzlichen. Insbesondere junge Mädchen, Jugendliche und ältere Veganer sind schlechter versorgt als der Durchschnitt. Bei erwachsenen Vegetariern scheint die Aufnahme des an vielen Stoffwechselvorgängen beteiligten Mineralstoffs jedoch auszureichen. Als Enzymbestandteil ist Zink an zahlreichen Reaktionen beteiligt. Gute pflanzliche Zinklieferanten sind Vollgetreide, Hülsenfrüchte, Ölsamen und Nüsse.

Wirklich knapp wird es beim Vitamin $B_{12}$, das vom Körper als Bestandteil vieler Enzyme benötigt wird, beispielsweise für die Entstehung von Zellen. Denn dieses Vitamin kommt nur in tierischen Lebensmitteln in nennenswerten Mengen und guter Verfügbarkeit vor. Der Körper kann das Vitamin zwar speichern und so einige Monate mit knapper Versorgung überbrücken, bei länger andauernder veganer Ernährung sinken die Blutkonzentrationen jedoch stark und das Vitamin muss als Präparat zugeführt werden. Neu auf dem Markt ist eine Zahnpasta, die Vitamin $B_{12}$ enthält. Sie ist in Naturkostläden oder bei Onlinehändlern zu finden. Das Vitamin wird beim Zähneputzen über die Mundschleimhaut aufgenommen und stellt eine Alternative zu Vitmin-$B_{12}$-Supplementen in Form von Pillen oder Kapseln dar.

### FLEISCHERSATZPRODUKTE – EINE ALTERNATIVE?

Das Angebot an Fleisch-, Ei- oder Milchersatzprodukten wächst beständig. Pflanzliche Fleischspezialitäten, vegane Leberwurst, eifreie Biskuitrollen oder Käseersatz sind dafür Beispiele. Wie bei allen industriell hergestellten Lebensmitteln ist jedoch ein Blick auf die Zutatenliste ratsam. Häufig sind diese Produkte aus isoliertem Soja- oder Weizeneiweiß oder unter Zuhilfenahme von Kartoffel-, Mais- oder Tapiokastärke hergestellt. Sie sind damit hochverarbeitete Erzeugnisse, die mit natürlichen Lebensmitteln meist nicht mehr viel gemein haben. Nicht selten kommen auch Geschmacksverstärker oder chemisch-synthetische Aromastoffe zum Einsatz. Ebenso kann der Fettgehalt relativ hoch sein, wenn beispielsweise eine vorfrittierte Panade Knusperspaß verspricht. Für einen ausgewogenen vegetarischen Speiseplan sind solche Lebensmittel nicht notwendig.

Aus der ganzen Sojabohne oder aus Süßlupinen hergestellte Lebensmittel wie Tofu, Tempeh oder Lopino sowie Sojamilchprodukte enthalten außer Eiweiß auch wertvolle sekundäre Pflanzenstoffe. Sie lassen sich vielseitig sowohl in der süßen als auch in der herzhaften vegetarischen Küche einsetzen. So ähnelt die Herstellungsweise eines hochwertigen Tofu derjenigen von Quark. In Bio-Qualität sind sie zudem gentechnikfrei.

In diesem Kochbuch finden Sie fantasievolle vegetarische Rezepte, die viel mehr sind als ein Lückenfüller für Fleisch- oder Fischgerichte. Sie sind lecker, unkompliziert und einfach zuzubereiten – auch weil überwiegend saisonale und in Deutschland übliche Lebensmittel verwendet werden.

## Kennzeichnungen richtig lesen: vegetarische und vegane Lebensmittel erkennen

Immer mehr Menschen in Deutschland entscheiden sich für eine vegetarische oder vegane Ernährung. Anders als bei vielen anderen Lebensmitteln wächst der Absatz an vegetarischen und veganen Produkten noch. Die Lebensmittelwirtschaft reagiert darauf mit immer neuen Angeboten, die Fleisch, Wurst oder Milch ersetzen sollen. Doch nicht immer ist auf Anhieb zu erkennen, ob es sich um ein rein vegetarisches Produkt handelt oder ob tierische Bestandteile enthalten sind. Die Begriffe „vegetarisch", „vegan" oder „rein pflanzlich" sind im Lebensmittelrecht nicht verbindlich definiert.

Hier hilft nur ein genauer Blick auf die Zutatenliste, um zu entdecken, ob sich in dem Gemüsefond oder der Margarine nicht vielleicht doch Ei oder Milchpulver verbergen. Allerdings ist nicht bei allen Zutaten ersichtlich, ob sie vom Tier stammen, beispielsweise bei Aromen oder zugesetzten Vitaminen. Und Hilfsstoffe zur Verarbeitung, wie beispielsweise Gelatine aus Schweineborsten, müssen erst gar nicht angegeben werden. Eine Hilfe bietet hier das Label „V", das von der Europäischen Vegetarier-Union (EVU) entwickelt wurde und von Lebensmittelherstellern gegen eine Gebühr freiwillig verwendet werden kann.

Das Label gibt es in vier verschiedenen Varianten von ovo-lakto-vegetarisch (mit Ei und Milch), ovo-vegetarisch (mit Ei), lakto-vegetarisch (mit Milch) bis vegan (tierfrei). Es kennzeichnet ausschließlich Erzeugnisse, deren Herstellung ohne Rohstoffe aus Tierkörpern erfolgt, insbesondere ohne Fleisch, Gelatine, Knochen oder Schlachtfette. Ein Käse zum Beispiel, der unter Verwendung von Kälberlab hergestellt wurde, darf dieses Label nicht tragen. Dasselbe gilt für Fruchtsäfte, die mit Gelatine geklärt wurden, und Margarine, die tierische Fette enthält.

So sehen die Labels der EVU aus:

| VEGAN | LACTO-VEGETARISCH | OVO-VEGETARISCH | OVO-LACTO-VEGETARISCH |
|---|---|---|---|

# DIE SÄULEN DER VEGETARISCHEN ERNÄHRUNG

## DIE GRUNDLAGEN DER VEGETARISCHEN ERNÄHRUNG SIND EINFACH – UND GANZ LEICHT IN DER KÜCHENPRAXIS UMZUSETZEN

In der vegetarischen Küche stehen außer den ersten fünf veganen Lebensmittelgruppen auch Milch und Milchprodukte sowie Eier auf dem Speiseplan.

1. Obst und Gemüse,
2. Getreide,
3. Hülsenfrüchte,
4. Samen und Nüsse,
5. wertvolle pflanzliche Öle.
6. Milch und Milchprodukte,
7. Eier.

### 1. Obst und Gemüse

Wer fleischlos isst, bringt automatisch mehr Gemüse auf den Teller. Geschmorte Zucchini, gebackener Kürbis oder knackige Möhren sorgen für Farbe und Abwechslung auf dem Speiseplan. Vegetarier kommen mit Leichtigkeit auf die von Ernährungswissenschaftlern empfohlenen 500 bis 600 Gramm Gemüse und Obst pro Tag. Wie vielseitig sich Gemüse zubereiten lässt, zeigen die rund 100 Rezepte in diesem Kochbuch.

Gemüse und Obst sind so wertvoll, weil sie gute Quellen für Vitamine, Mineral- und Ballaststoffe sind, dabei aber nur wenig Fett und Kalorien aufweisen, Wichtig sind außerdem die sogenannten sekundären Pflanzenstoffe, die auch in Samen, Getreide usw. vorkommen. Unter dem Begriff „sekundäre Pflanzenstoffe" fasst man verschiedene Stoffe zusammen, die nur von Pflanzen hergestellt werden. Sie wirken bei der Pflanze auf das Wachstum und schützen sie vor Krankheiten und Schädlingen. Für den Menschen können sie ebenfalls positive Effekte bewirken. Einige Verbindungen wirken antioxidativ, sie sind sogenannte Radikalfänger. Die sekundären Pflanzenstoffe werden deshalb als gesundheitsfördernde Substanzen eingestuft.

Ob Gemüse besser roh oder gekocht auf den Tisch kommt, lässt sich nicht eindeutig beantworten. Einige hitzeempfindliche Inhaltsstoffe wie Vitamine oder sekundäre Pflanzenstoffe bleiben in rohem Gemüse besser erhalten. Anderen Pflanzenstoffen, Vitaminen oder Mineralien macht Hitze nichts aus. Provitamin A ist sogar aus gekochten oder geschmorten Möhren, Kürbis oder Tomaten besonders gut für den Körper verfügbar.

Wenn Sie beim Gemüseeinkauf die jeweilige Saison berücksichtigen, kommt keine Langeweile auf dem Speiseplan auf. Wann welches Gemüse oder Obst Saison hat, entnehmen Sie dem Saisonkalender für heimisches Obst und Gemüse ab Seite 16. Die Rezepte haben wir saisonal angepasst. So finden Sie bei uns im Winter keine Speisen mit frischen Tomaten und im Sommer keine Rosenkohltarte.

### 2. Getreide

Neben Gemüse spielen die vielen verschiedenen Getreidesorten eine Hauptrolle in der vegetarischen Küche. Normalerweise essen wir fast ausschließlich Weizen: Er wird für Brot und Kuchen verwendet oder zu Nudeln gewalzt. Auch Roggen im Sauerteigbrot und Reis als Beilage kommen gelegentlich auf den Tisch. Doch es gibt noch viel mehr, zum Beispiel Hafer, Gerste, Mais und Hirse sowie die mit Weizen verwandten Dinkel, Einkorn, Emmer und Kamut, die die kreative Küche sehr bereichern. Besonders köstlich ist der aus unreifem Dinkel erzeugte gedarrte Grünkern. Grob geschrotet und zu Bratlingen geformt oder in der Tomatensoße gekocht erstaunt er mit seinem rauchigen Aroma. Alle Getreidearten lassen sich wie Reis als ganzes Korn kochen und zu Eintöpfen, Pfannengerichten und herzhaften Salaten verarbeiten. Grob geschrotet ergeben sie eine stabile Grundlage für Aufläufe, Brotaufstriche und Bratlinge. Etwas feiner ist Grieß aus Weizen, Dinkel oder Mais, der für Brei, Klöße und Aufläufe ideal ist. Geflockt eignet sich vor allem der etwas weichere Hafer; etwas mehr Biss weisen Gerste- und Dinkelflocken auf – im Müsli unentbehrlich.

Die Samen von Buchweizen, Amaranth und Quinoa zählen zwar nicht zum Getreide, weil sie anderen botanischen Familien angehören. Der würzige Buchweizen und die kleinen Körner von Amaranth und Quinoa lassen sich jedoch ähnlich wie Getreide zubereiten und sind eine Bereicherung für jede vegetarische Küche.

Jedes Getreidekorn steckt voller wichtiger Inhaltsstoffe. Die einzelnen Bestandteile sind im Korn aber nicht gleichmäßig verteilt. B-Vitamine, Mineralien, ungesättigte Fettsäuren, Ballaststoffe und sekundäre Pflanzenstoffe finden sich überwiegend im Keim und in den Randschichten. Diese werden jedoch für die Herstellung von weißem Mehl, hellen Nudeln und weißem Reis abgetrennt. Nur in Mehl und Schrot aus vollem Korn bleiben die gesundheitsfördernden Inhaltsstoffe vollständig erhalten. Der positive Einfluss von Vollkorn auf die Gesundheit wurde in zahlreichen Studien bestätigt. Vor allem ihre Ballaststoffe sowie die zahlreichen sekundären Pflanzenstoffe tragen vermutlich dazu bei, dass eine körnerreiche Kost vor Bluthochdruck, Herzinfarkt, Diabetes Typ 2 sowie Darmkrebs schützt.

## 3. Hülsenfrüchte

Getrocknete Erbsen, Linsen und Bohnen weisen eine unglaubliche Vielfalt auf. Gelbe Kichererbsen und Sojabohnen, rote und weiße Bohnen sowie schwarze, grüne, braune und rote Linsen eignen sich besonders für herzhafte Eintöpfe und sämige Suppen. Anders zubereitet schmecken sie auch in sättigenden Salaten oder sie bilden die Grundlage für würzige Bratlinge und Brotaufstriche. Besonders schnell garen Linsen; vor allem rote Linsen verkochen in wenigen Minuten zu einer sämigen Suppe oder Soße.

An Hitze sparen sollten Sie bei Hülsenfrüchten nicht, denn zum einen sind gut gegarte Erbsen und Bohnen besser bekömmlich und zum anderen werden eventuell unverträgliche Inhaltsstoffe wie Lektine und Hämagglutinine beim Erhitzen zerstört. Wer die trockenen Früchtchen vorher in Wasser einweicht, verkürzt die Garzeit. Vor allem bei den lang garenden Kichererbsen und Bohnen ist das empfehlenswert. Wenn die Zeit mal knapp ist, können Sie auch gekochte Hülsenfrüchte aus dem Glas verwenden.

Die nahrhaften Samen liefern soviel Eiweiß wie kein anderes Gemüse: 20 bis 30 Prozent ihres Gewichts. Obendrein bieten sie auch noch reichlich Ballaststoffe, B-Vitamine, Eisen, Kalium und Magnesium. Die in Hülsenfrüchten enthaltenen sekundären Pflanzenstoffe sind dafür bekannt, dass sie den Cholesterinspiegel senken können.

In den kleinen Samen stecken einige unverdauliche Kohlenhydrate, die erst von den Bakterien im Darm abgebaut werden. Deshalb kann eine Linsensuppe oder ein Chilieintopf schon einmal zu Blähungen führen. Dagegen hilft am besten: öfter Hülsenfrüchte essen. Denn mit der Zeit gewöhnt sich die Darmflora an die Kost und es treten kaum noch Beschwerden auf. Auch

| SEKUNDÄRE PFLANZENSTOFFE | | | | | | VERMUTETE WIRKUNGEN |
|---|---|---|---|---|---|---|
| Carotinoide | Sulfide | Glucosinolate | Flavonoide | Phytosterine | Phytoöstrogene | |
| * | | | * | | * | wirken als Antioxidans |
| * | * | * | * | | * | senken das Risiko für bestimmte Krebserkrankungen |
| | * | | * | | | können das Wachstum von Bakterien, Pilze, Viren unterdrücken |
| * | | | * | | * | beeinflussen das Immunsystem |
| | | | | * | | senken den Cholesterinspiegel |
| * | | | * | | * | reduziert das Risiko von Herz-Kreislauf-Krankheiten |

Aus: Deutsche Gesellschaft für Ernährung „Die Nährstoffe. Bausteine für Ihre Gesundheit“, Bonn 2011

Gewürze wie Kümmel, Kreuzkümmel, Fenchel und Majoran fördern die Bekömmlichkeit.

## 4. Samen und Nüsse

Die unscheinbaren Samen von Sonnenblumen, Flachs (Leinsamen), Kürbisen oder Sesam sind klein, aber sie haben es in sich. Sie stecken voller wichtiger Mineralstoffe und wertvoller Fettsäuren, sekundärer Pflanzenstoffe und Ballaststoffe. Schon allein deswegen gehören sie in den Küchenschrank eines Vegetariers.

Wer die Inhaltsstoffe optimal ausnutzen will, muss die Samen entweder sehr gut kauen, mahlen oder einweichen und pürieren. Aus eingeweichten und pürierten Sonnenblumenkernen lässt sich eine cremige Masse für Brotaufstriche herstellen. Fein gemixte Sesamsamen machen sich in Pesto oder Soßen gut.

Diese aromatischen Energiespender sind vor allem für ihre wertvollen Omega-3-Fettsäuren, ihre fettlöslichen Vitamine und ihren Eiweißgehalt bekannt. Aus eingeweichten und pürierten Mandeln oder Walnüssen entstehen leckere Soßen oder Pesto. Mus aus gerösteten Mandeln, Hasel- oder Erdnüssen ist ein köstlicher Brotaufstrich.

Auch die – bei uns allerdings nicht heimische – Kokosnuss zählt zu den Nüssen, obwohl sich die Nährstoffe etwas unterscheiden. Die sämige weiße Milch aus dem Fruchtfleisch der Kokosnuss ist ein ausgezeichneter Ersatz für Sahne und Milch und macht sich im Pudding und Kuchen ebenso gut wie in Gemüsecurrys oder Suppen.

## 5. Fette und Öle

Gönnen Sie sich für Ihre vegetarische Küche ein gutes Öl. Naturbelassene Öle sind zwar nicht ganz preiswert, bereichern aber vor allem Salate mit ihrem unverwechselbaren Aroma. Außer Raps- und Olivenöl für die alltägliche Küche sollten Sie auch einmal Walnuss-, Kürbiskern- oder Leindotteröl ausprobieren. Öle mit der Bezeichnung „nativ“ sind am aromatischsten. Sie werden mechanisch aus den Samen gepresst und nicht chemisch mit Lösungsmitteln herausgezogen. Daher stecken in nativen Ölen noch wertvolle Pflanzeninhaltsstoffe und der für die Ölfrucht charakteristische Eigengeschmack kommt zur Geltung. Da sie schnell oxidieren, sollten sie in dunklen Flaschen im Kühlschrank aufbewahrt werden.

Pflanzenöle versorgen uns mit fettlöslichen Vitaminen sowie einfach und mehrfach ungesättigten Fettsäuren. Zwei dieser mehrfach ungesättigten Fettsäuren (Omega-3-Fettsäuren und Omega-6-Fettsäuren) sind lebensnotwendig und müssen mit der Nahrung aufgenommen werden. Die Empfehlung für die richtige Fettauswahl ist aber etwas kompliziert: Hier gilt nicht einfach, je mehr ungesättigte Fettsäuren, desto besser. Vielmehr kommt es auf ein ausgewogenes Verhältnis der verschiedenen Fettsäurefamilien an. Wenn bei Vegetariern Fisch als Omega-3-Fettsäuren-Quelle wegfällt, können möglicherweise Omega-3-reiche Pflanzenöle Ersatz liefern. Eine besonders günstige Kombination liefert Rapsöl. Es kann täglich ans Essen gegeben und durch Oliven- und Walnussöl ergänzt werden. Soja-, Sonnenblumen- oder Maiskeimöl sollten Sie dagegen nur selten verwenden, da es ohnehin schon in vielen Fertiggerichten steckt.

## 6. Milch und Milchprodukte

Die meisten Vegetarier streichen zwar Fleisch und Fisch vom Speiseplan, Milch und Milchprodukte kommen aber weiterhin auf den Tisch. Milch, Joghurt und Käse sind gute Quellen für Kalzium, Eiweiß, fettlösliche Vitamine sowie die Vitamine $B_2$ und $B_{12}$. Da seit Anfang der 90er-Jahre Futtermittel mit Jod angereichert werden, sind Milchprodukte mittlerweile außerdem wichtige Jodlieferanten.

Während Milch in vielen Ländern der Erde kaum oder gar nicht verwendet wird, spielt sie bei uns eine zentrale Rolle in der Küche. Sie kommt in den Kaffee und ins Müsli oder bildet die Grundlage für Puddings und Soßen. Sahne, ob süß oder sauer, verfeinert so manches vegetarische Gericht und ist für Nachspeisen und Torten elementar. Käse ist als Brotbelag und zum Überbacken lecker.

Besonders wertvoll sind fermentierte Milchprodukte wie Joghurt, Dickmilch oder Kefir. Spezielle Bakterien wandeln den Milchzucker in Milchsäure um. Dadurch wird die Milch fest und die Produkte erhalten ihr frisches, leicht säuerliches Aroma. Milchsaure Produkte wirken sich vor allem günstig auf unsere Darmflora aus. Da Milch und Milchprodukte aber auch reichlich Fett mit gesättigten Fettsäuren, Cholesterin und Purine liefern, sollte ihr Einsatz im Rahmen bleiben.

## 7. Eier

Mehr als 200 Eier lässt sich jeder Deutsche im Jahr schmecken. Eier versorgen uns vor allem mit wertvollem Eiweiß, den Vitaminen A, D und $B_{12}$ sowie Folat und etlichen Mineralstoffen. Viele Verbraucher legen Wert darauf, dass die Eier aus artgerechter Hühnerhaltung stammen. Mittlerweile stammen rund 13 Prozent aller verkauften Eier aus biologischer Erzeugung.

Aus welcher Haltungsform ein Ei kommt, zeigt neben der Aufschrift auf der Verpackung der sogenannte Erzeugercode an. Allerdings wird nur die Hälfte aller Eier in der heimischen Küche verarbeitet. Die andere Hälfte verzehren wir über Kuchen, Kekse, Nudeln und andere eihaltige Produkte sowie Restaurant- und Kantinenessen. Hier ist in der Regel nicht ersichtlich, welche Eier in den Speisen stecken.

# INFOS ÜBER NÄHRWERTE, ZUTATEN UND MASSEINHEITEN

In den Rezepten ab Seite 20 finden Sie verschiedene Angaben, die wir hier einmal im Überblick erläutern:

Die Rezepte gelten in der Regel für **4 Personen**, wenn nicht anders angegeben.

Die **Nährwerte** der einzelnen Gerichte, die Sie am Ende des jeweiligen Rezepts finden, wurden **pro Portion** berechnet. Aber es gibt auch Ausnahmen. Dann haben wir die Angaben für ein Stück, eine Scheibe, einen Spieß oder einen Tee- oder Esslöffel berechnet.

In der **Zutatenliste** einiger Rezepte wird Gemüsebrühe aufgeführt. Vielleicht stellen Sie diese selbst her – wenn nicht, können Sie auch fertige kaufen. Wir empfehlen gekörnte, lösliche Brühe. Wenn Sie Geschmacksverstärker wie Glutamat oder Hefeextrakt vermeiden möchten, sollten Sie einen genauen Blick auf die Angaben zu den Inhaltsstoffen werfen.

Wenn für Rezepte **Eier** benötigt werden, sollten Sie die Gewichtsklasse M wählen.

Der **Stielansatz von Tomaten** enthält das natürliche Gift Solanin. In ausgereiften roten Tomaten ist die Konzentration allerdings so gering, dass Sie keine Bedenken haben müssen. Ob Sie den Stielansatz herausschneiden oder nicht, bleibt also Ihnen überlassen.

Die **Maßeinheiten** werden in den Zutatenlisten wie folgt abgekürzt:

| | | | |
|---|---|---|---|
| TL | Teelöffel | EL | Esslöffel |
| g | Gramm | kg | Kilogramm |
| ml | Milliliter | l | Liter |
| Pk. | Päckchen | Msp. | Messerspitze |
| Tr. | Tropfen | St. | Stück |

Gelegentlich sind die kleineren Mengen in Teelöffel- und Esslöffel-Einheiten angegeben. Das Volumen beträgt beim Teelöffel ungefähr 5 ml, beim Esslöffel sind es 15 ml.

**Löffelmaße** werden in Gramm so berechnet:

| | 1 Teelöffel (TL) in g | 1 Esslöffel (EL) in g |
|---|---|---|
| Backpulver | 3 | 10 |
| Butter oder Margarine | 5 | 10 |
| Essig | 5 | 10 |
| Honig | 6 | 20 |
| Joghurt | – | 17 |
| Kräuter | 2 | 5 |
| Mayonnaise | – | 15 |
| Mehl | 5 | 10 |
| Milch | – | 15 |
| Nüsse | 5 | 10 |
| Öl | 4 | 12 |
| Puderzucker | 3 | 10 |
| Pulvergewürze (z. B. Curry) | 4 | 10 |
| Quark | 10 | 25 |
| Sahne, flüssig | – | 10 |
| Salz | 5 | 15 |
| Senf | 5 | 15 |
| Sojasoße | 5 | 15 |
| Tomatenmark | 5 | 15 |
| Zitronensaft | 5 | 15 |
| Zucker | 5 | 15 |

Das Symbol bei den Rezepten steht für ein veganes Gericht.

# HEIMISCHES OBST UND GEMÜSE: WANN GIBT ES WAS?

| OBST | JANUAR | FEBRUAR | MÄRZ | APRIL | MAI | JUNI | JULI | AUGUST | SEPTEMBER | OKTOBER | NOVEMBER | DEZEMBER |
|---|---|---|---|---|---|---|---|---|---|---|---|---|
| Äpfel | ■ | ■ | ■ | ■ | ■ | | | ☀ | ☀ | ☀ | ■ | ■ |
| Aprikosen | | | | | | | ☀ | ☀ | | | | |
| Birnen | ■ | | | | | | | ☀ | ☀ | ■ | ■ | ■ |
| Brombeeren | | | | | | | | ☀ | ☀ | ☀ | | |
| Erdbeeren | | | | | ⌒ | ☀ | ☀ | ☀ | ☀ | ⌒ | | |
| Heidelbeeren | | | | | | | ☀ | ☀ | | | | |
| Himbeeren | | | | | | ⌒ | ☀ | ☀ | | | | |
| Johannisbeeren | | | | | | ☀ | ☀ | ☀ | | | | |
| Kirschen, sauer | | | | | | | ☀ | ☀ | | | | |
| Kirschen, süß | | | | | | ⌒ ☀ | ☀ | ☀ | | | | |
| Mirabellen | | | | | | | ☀ | ☀ | | | | |
| Pfirsiche | | | | | | | ☀ | ☀ | | | | |
| Pflaumen | | | | | | | | ☀ | ☀ | | | |
| Quitten | | | | | | | | | | ☀ | ☀ | |
| Stachelbeeren | | | | | | | ☀ | ☀ | ☀ | | | |
| Tafeltrauben | | | | | | | | ☀ | ☀ | ☀ | | |

Umweltschonend und in der Regel besonders frisch sind Lebensmittel, die gerade Saison haben und aus der näheren Umgebung stammen. Wann welches Gemüse Saison hat und aus dem Freiland kommt, können Sie hier in unserem Saisonkalender nachlesen.

Frisch geerntete und in der näheren Umgebung erzeugte Lebensmittel finden Sie auf Bauernmärkten, in Hofläden, aber auch in einigen Supermärkten. Viele Lebensmittelketten bieten heute spezielle regionale Produkte an und bewerben sie mit selbstgeschaffenen Markenzeichen wie „Landmarkt" oder „ein gutes Stück Heimat". Doch was Begriffe wie „regional" oder „aus der Heimat" genau bedeuten, ist gesetzlich nicht geschützt. Und so kann eine Thüringer Buttermilch durchaus auch einmal aus Bayern kommen. Hier hilft nur, genau die Verpackung zu studieren und sich gegebenenfalls durch Nachfragen zu überzeugen, woher das Produkt tatsächlich stammt.

Wer mit offenen Augen einkauft und nach Erzeugern aus der Umgebung Ausschau hält, wird meist mit besonders frischen und schmackhaften Produkten belohnt – die idealen Zutaten für unsere leckeren Rezepte.

Wir wünschen Ihnen viel Freude beim Nachkochen und vor allem einen guten Appetit!

**Sehr geringe Klimabelastung:**
Freilandprodukte

**Geringe bis mittlere Klimabelastung:**
Lagerware

**Geringe bis mittlere Klimabelastung:**
„Geschützter Anbau" (Abdeckung mit Folie oder Vlies, ungeheizt)

**Geringe bis mittlere Klimabelastung:**
Produkte aus ungeheizten oder schwach geheizten Gewächshäusern

**Hohe Klimabelastung:**
Produkte aus geheizten Gewächshäusern

## SALAT

| SALAT | JANUAR | FEBRUAR | MÄRZ | APRIL | MAI | JUNI | JULI | AUGUST | SEPTEMBER | OKTOBER | NOVEMBER | DEZEMBER |
|---|---|---|---|---|---|---|---|---|---|---|---|---|
| Eissalat | | | | | Geschützter Anbau, Freiland | Freiland | Freiland | Freiland | Freiland | Freiland | | |
| Endiviensalat | | | | | Geschützter Anbau, Freiland | Freiland | Freiland | Freiland | Freiland | Freiland | Freiland | |
| Feldsalat | Geschützter Anbau | Geschützter Anbau | Geschützter Anbau | Geschützter Anbau | Freiland | Freiland | Freiland | Freiland | Freiland | Freiland | Geschützter Anbau, Freiland | Geschützter Anbau |
| Kopfsalat, Bunte Salate | | | Gewächshaus (ungeheizt / schwach geheizt) | Gewächshaus (ungeheizt / schwach geheizt), Geschützter Anbau | Geschützter Anbau, Freiland | Freiland | Freiland | Freiland | Freiland | Freiland | Gewächshaus (ungeheizt / schwach geheizt) | |
| Radicchio | | | | | | Freiland | Freiland | Freiland | Freiland | Freiland | Freiland | |
| Romanasalate | | | | | Geschützter Anbau, Freiland | Freiland | Freiland | Freiland | Freiland | Freiland | Freiland | |
| Rucola (Rauke) | | | | Geschützter Anbau | Freiland | Freiland | Freiland | Freiland | Freiland | Freiland | Freiland | |

# SAISONALER KALENDER

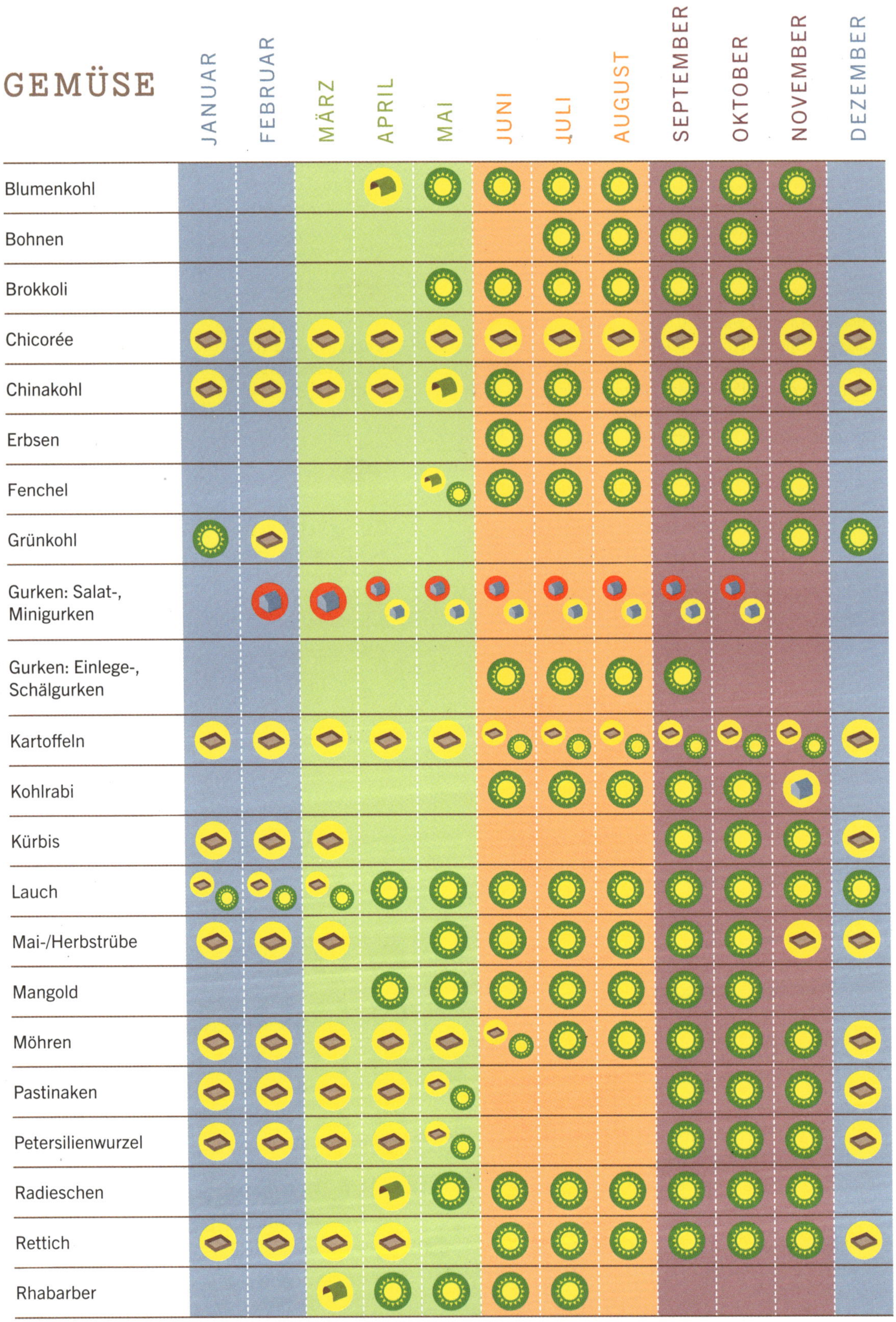

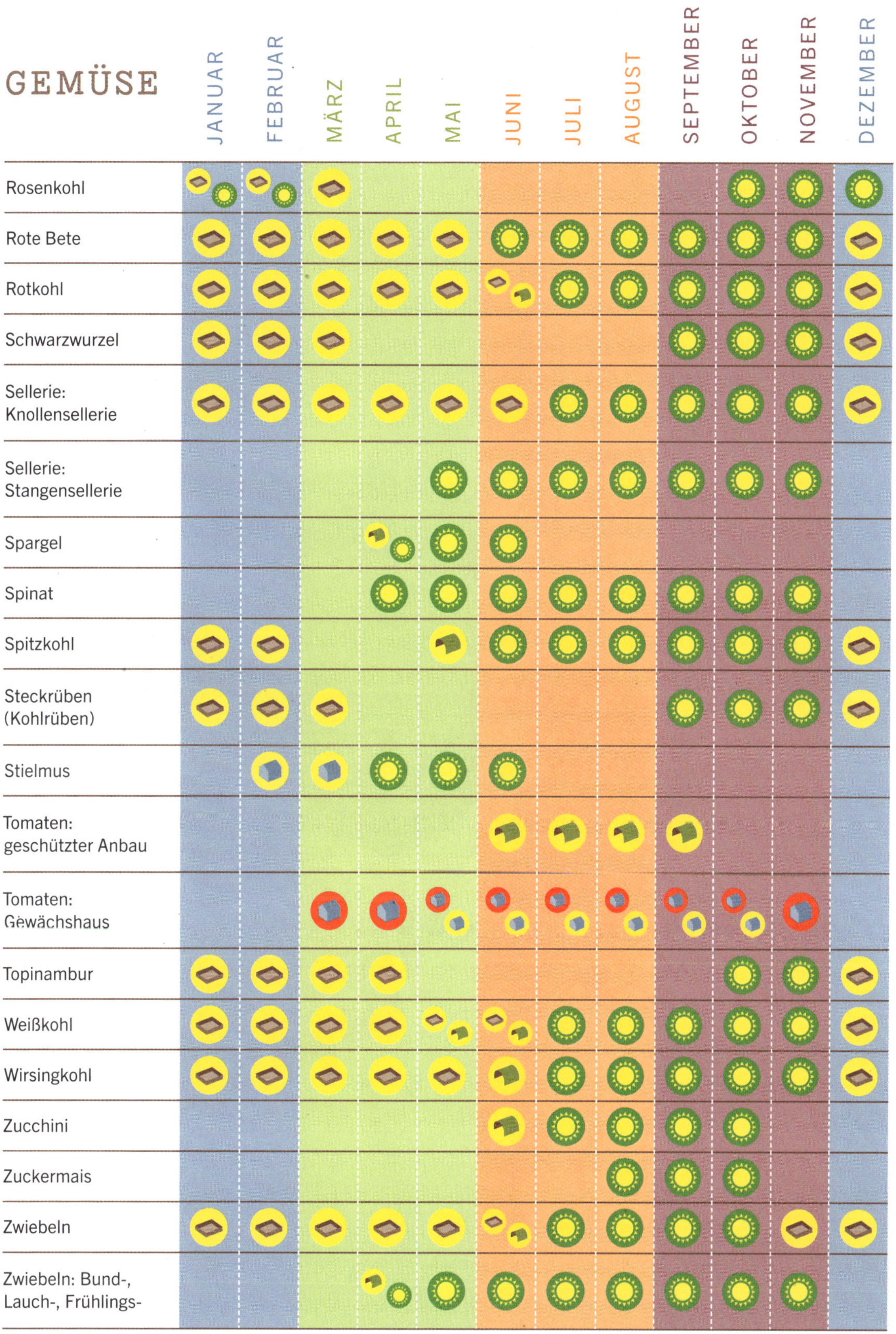
GEMÜSE
JANUAR
FEBRUAR
MÄRZ
APRIL
MAI
JUNI
JULI
AUGUST
SEPTEMBER
OKTOBER
NOVEMBER
DEZEMBER
Rosenkohl
Rote Bete
Rotkohl
Schwarzwurzel
Sellerie: Knollensellerie
Sellerie: Stangensellerie
Spargel
Spinat
Spitzkohl
Steckrüben (Kohlrüben)
Stielmus
Tomaten: geschützter Anbau
Tomaten: Gewächshaus
Topinambur
Weißkohl
Wirsingkohl
Zucchini
Zuckermais
Zwiebeln
Zwiebeln: Bund-, Lauch-, Frühlings-

Frühling

# KARTOFFELSUPPE mit Sauerampfer

## KLASSIKER MIT PFIFF

### ZUTATEN

| | |
|---|---|
| 1 kleine | Zwiebel |
| 50 g | Petersilienwurzel |
| 50 g | Lauch |
| 400 g | Kartoffeln, vorwiegend festkochend |
| 1 EL | Rapsöl |
| 700–800 ml | Wasser |
| 150 g | saure Sahne |
| ½ Bund | Sauerampfer oder andere Kräuter (z. B. Kresse) |
| | Kräutersalz, Pfeffer, Muskatnuss |

1 Zwiebel und Petersilienwurzel fein würfeln und Lauch in Streifen schneiden. Kartoffeln schälen und ebenfalls würfeln.

2 Zwiebeln, Petersilienwurzel und Lauch in Rapsöl kurz anschwitzen. Kartoffeln dazugeben, mit Wasser aufgießen und ca. 20 Minuten köcheln lassen, bis das Gemüse gar ist.

3 Die Suppe pürieren und mit Kräutersalz, Pfeffer und Muskatnuss abschmecken.

4 Kräuter ein wenig zerkleinern und mit der sauren Sahne fein pürieren. Kurz vor dem Servieren unter die Suppe ziehen.

Energie 130 kcal · Fett 6 g · Kohlenhydrate 15 g · Eiweiß 3 g · Ballaststoffe 2 g

**TIPP** Als Dekoration setzen rosa Pfefferkörner farbige Akzente! Die Beeren stammen vom Pfefferbaum und sind deutlich milder als echter Pfeffer.

# GRÜNKERN-KRÄUTERSÜPPCHEN

## RAFFINIERT MIT NUSSIGER NOTE

### ZUTATEN

| | |
|---|---|
| 2 | Schalotten |
| 2 EL | Rapsöl |
| 6 EL | Grünkern, fein gemahlen (50 g) |
| 1 l | Wasser |
| 100 ml | Sahne |
| 1 Bund | gemischte Kräuter (z. B. Petersilie, Kresse, Kerbel, Bärlauch) |
| | Kräutersalz, Pfeffer, Paprikapulver |

### INFO

Schalotten sind eine spezielle Zwiebelsorte, die kleiner und milder im Geschmack ist. Eine normale Zwiebel ist aber ebenso geeignet.

1 Schalotten in feine Würfel schneiden. Rapsöl erhitzen und Schalotten darin hell andünsten.

2 Grünkernmehl unterrühren, kurz mitrösten und Topf kurz vom Herd nehmen. Kaltes Wasser dazugießen, gut verrühren und aufkochen lassen. Etwa 5 Minuten köcheln lassen, mit Kräutersalz und Pfeffer und Paprikapulver abschmecken.

3 Sahne leicht anschlagen. Kräuter fein hacken und beides kurz vor Verzehr unter die Suppe heben. Ein wenig von den Kräutern zur Verzierung zurückbehalten und über die Suppe streuen.

Energie 180 kcal · Fett 13 g · Kohlenhydrate 12 g · Eiweiß 3 g · Ballaststoffe 1 g

**TIPP** Wenn Sie keine frischen Kräuter zur Hand haben, können Sie auch getrockneten Thymian und Majoran verwenden. Sie machen die Suppe sogar noch würziger.

# LAUCHSUPPE mit Käseecken

## LECKERER SATTMACHER – IDEAL AUCH FÜR DIE GROSSE RUNDE

### ZUTATEN

| | |
|---|---|
| 600 g | Lauch |
| 1 | Kartoffel (ca. 150 g) |
| 1 EL | Rapsöl |
| 1 l | Wasser |
| 100 ml | Weißwein |
| 150 ml | Sahne |
| 2 Scheiben | Vollkornbrot, am besten Kastenbrotform |
| 2 Scheiben | Bergkäse |
| | Kräutersalz, Pfeffer, Muskatnuss |

### VARIANTE

Wer keinen Wein verwenden möchte, schmeckt die Suppe einfach mit 1 bis 2 EL Weißweinessig oder Balsamico bianco ab.

1 Das Helle vom Lauch in feine Würfel schneiden, die dunklen Enden in mittelfeine Streifen. Kartoffel schälen und in Würfel schneiden.

2 Rapsöl erhitzen und helle Lauchwürfel kurz andünsten. Kartoffelwürfel dazugeben und mit Wasser aufgießen. Mit Kräutersalz, Muskatnuss und Weißwein würzen und etwa 10–15 Minuten köcheln lassen.

3 Dunkle Lauchstreifen in wenig Wasser kurz gar dünsten. Lauchsuppe fein pürieren und mit Sahne und Pfeffer abschmecken. Gedünstete Lauchstreifen dazugeben.

4 Rechteckig geschnittene Brotscheiben mit je einer Scheibe Käse belegen und jede Scheibe über Kreuz in vier Dreiecke schneiden. Unter dem Grill im Backofen etwa 4 Minuten überbacken. Käseecken zur Lauchsuppe servieren.

Energie 290 kcal · Fett 19 g · Kohlenhydrate 19 g · Eiweiß 10 g · Ballaststoffe 4 g

### TIPP

Die Käseecken eignen sich besonders, um trocken gewordene Brotscheiben zu veredeln. Durch das Fett vom Käse werden sie beim Überbacken wieder weich.

# MAIRÜBENCARPACCIO in Zitronendressing

## ELEGANTE VORSPEISE, SCHNELL ZUBEREITET

### ZUTATEN

| | |
|---|---|
| 3–4 EL | Zitronensaft, frisch gepresst |
| 2 EL | Olivenöl |
| 300 g | Mairüben |
| 50 g | schwarze Oliven, ohne Stein |
| 4 EL | Kerbelblätter oder Petersilie |
| | Meersalz, Pfeffer |

1 Für das Dressing Zitronensaft mit Olivenöl verschlagen und mit Salz und Pfeffer würzen.

2 Mairüben waschen, evtl. schälen und quer in hauchdünne Scheiben hobeln. Mit dem Zitronendressing vermischen und etwa 10–20 Minuten durchziehen lassen.

3 Oliven in dünne Ringe schneiden und Kräuter grob hacken.

4 Mairüben auf einer großen Platte anrichten. Mit Oliven und gehackten Kräutern bestreut servieren.

Energie 80 kcal · Fett 6 g · Kohlenhydrate 4 g · Eiweiß 1 g · Ballaststoffe 3 g

### TIPP

Die Mairüben lassen sich mit einem Gemüsehobel gut in dünne Scheiben schneiden. Alternativ können Sie die Rübchen auch mit einem Sparschäler in dünne Streifen schälen.

# Rübchen

## AUF DEM MARKT

Schneeweiß, mit einem zarten Hauch von Rosa, oder gelblich bis violett präsentiert sich die große Familie der Speiserüben. Die kugeligen weiß-rosa Mairübchen eröffnen im Frühjahr die Saison, im Sommer folgen Teltower Rübchen und von Herbst bis Winter vervollständigen die Herbstrüben das Angebot. Zur Familie der Rüben gehören auch Stielmus oder Rübstiel, von ihnen werden die Blätter verzehrt. Da sich Rüben hervorragend lagern lassen, sind sie das ganze Jahr über erhältlich.

## FÜR DEN KÖRPER

Die kalorienarmen Rüben liefern zahlreiche Vitamine und Mineralstoffe. Sie versorgen uns mit B-Vitaminen, außerdem mit Kalium und Ballaststoffen. Ihre leichte Schärfe verdanken sie Senfölen, die eine leicht antibakterielle Wirkung entfalten.

## IN DER KÜCHE

Vor allem die Franzosen beherrschen die Kunst, Rübchen richtig in Szene zu setzen. Mit dem Sieg von Napoleon über die Preußen gelangte die Rübe zu Beginn des 19. Jahrhunderts an den Hof des französischen Kaisers und erwarb sich dort den Ruf eines Edelgemüses. Rüben sind in der französischen Küche in der Gemüsesuppe zu finden, sie werden in Butter und Zucker glasiert oder als Gratin überbacken. Beim Kochen entwickeln sie einen würzigen, leicht süßlichen Geschmack, der durch Äpfel, Zitrone oder Orange wunderbar unterstützt wird. Roh im Salat bleibt ihre leichte Schärfe besser erhalten.

## STECKBRIEF

*Botanischer Name:* Brassica rapa
*Angebot:* Mairübchen, Teltower Rübchen, Herbstrüben, Stielmus oder Rübstiel
*Wichtigste Inhaltsstoffe:* Kalium, B-Vitamine, Senföle.

## ZUBEREITUNG

Roh, gedünstet, überbacken und in der Gemüsesuppe.

Petersilienwurzel
Rote Bete
Weiße Rübe
Herbstrübe
Mairübe
Pastinake

# SPINATSALAT mit Champignons

## ATTRAKTIVE ALTERNATIVE ZUM KLASSISCHEN BLATTSALAT

**ZUTATEN**

| | |
|---|---|
| 2 EL | Rapsöl |
| 2 EL | dunkler Balsamico |
| 1 EL | Sojasoße |
| 200 g | junge Spinatblätter |
| 80 g | Steinchampignons |
| | Salz, Pfeffer, Salbei gemahlen |

1 Aus Öl, Essig und Sojasoße eine Soße rühren und mit Salz, Pfeffer und gemahlenem Salbei abschmecken.

2 Spinatblätter in mundgerechte Stücke zerpflücken.

3 Champignons in dünne Scheiben schneiden.

4 Das Gemüse mit der vorbereiteten Salatsoße vermischen.

Energie 60 kcal · Fett 5 g · Kohlenhydrate 1 g · Eiweiß 3 g · Ballaststoffe 1 g

**TIPP**

Schöne, zarte Spinatblätter sind nicht immer zu finden, alternativ schmeckt es auch mit Feldsalat oder Rucola.

# MÖHREN-RADIESCHENNESTER

## EINE ECHTE VITAMINBOMBE IN FRÜHLINGSFARBEN

**ZUTATEN**

| | |
|---|---|
| 80 g | Blattsalat |
| 250 g | Möhren |
| 250 g | Kohlrabi |
| 200 g | Radieschen |
| 120 g | Schmand oder saure Sahne |
| 1 EL | Lein- oder Rapsöl |
| 2 EL | Balsamico bianco |
| 1 TL | Senf, mittelscharf |
| ½ Bund | Schnittlauch |
| | Kräutersalz, Pfeffer |

1 Blattsalat in mundgerechte Stücke teilen.

2 Möhren und Kohlrabi schälen und ebenso wie die Radieschen grob raspeln.

3 Für die Soße Schmand bzw. saure Sahne mit Öl, Balsamico Bianco und Senf glatt rühren. Mit Kräutersalz und Pfeffer würzen. Schnittlauch in Röllchen schneiden und unter die Soße heben.

4 Salatblätter auf vier Tellern verteilen. Von jedem Gemüse einen gehäuften Esslöffel auf den Blattsalat geben und den Schnittlauchrahm darüber verteilen.

Energie 105 kcal · Fett 7 g · Kohlenhydrate 7 g · Eiweiß 3 g · Ballaststoffe 3 g

# POSTELEIN-APFELSALAT mit Sonnenblumenkernen

## FRUCHTIG-FRISCHE VORSPEISE MIT BISS

### ZUTATEN

| | |
|---|---|
| 2 EL | Sonnenblumenkerne |
| 2 EL | Rapsöl |
| 2 EL | Apfelessig |
| 2 EL | Apfelsaft |
| 150 g | Postelein |
| 1 | Apfel |
| 1 kleine | Frühlingszwiebel |
| | Salz, Pfeffer |

1 Sonnenblumenkerne in einer Pfanne ohne Fett leicht anrösten und abkühlen lassen.

2 Für die Soße Rapsöl mit Apfelessig und Apfelsaft verrühren und mit Salz und Pfeffer abschmecken.

3 Postelein putzen, waschen und gut abtropfen lassen.

4 Apfel vierteln, Kerngehäuse herausschneiden. Viertel quer in Scheiben schneiden.

5 Frühlingszwiebel in dünne Ringe schneiden.

6 Gemüse mit der Soße vermischen und mit Sonnenblumenkernen bestreut servieren.

Energie 115 kcal · Fett 7 g · Kohlenhydrate 10 g · Eiweiß 2 g · Ballaststoffe 2 g

### TIPP

Wenn Sie keinen Postelein bekommen, können Sie ebenso gut Feldsalat oder Rucola verwenden.

# MANGOLD auf Topinamburkartoffeln

## KREATIVES VOM BLECH MIT NICHT GANZ ALLTÄGLICHEM GEMÜSE

### ZUTATEN

| | |
|---|---|
| 200 g | saure Sahne |
| 1 | Ei |
| 100 ml | Milch (3,5 %) |
| 500 g | Kartoffeln |
| 300 g | Topinambur |
| 1 | Zwiebel |
| 2 | Knoblauchzehen |
| 1 EL | Rapsöl |
| 600 g | Mangold |
| 100 g | Gouda oder Bergkäse |
| | Kräutersalz, Pfeffer, Paprikapulver, Muskatnuss |

1 Saure Sahne mit Ei und Milch in einer großen Schüssel verquirlen.

2 Kartoffeln schälen und Topinambur putzen, die Schale kann mitverwendet werden. Kartoffeln und Topinambur grob reiben und mit der Eiermilch vermischen. Mit Kräutersalz, Pfeffer und Paprikapulver würzen.

3 Die Masse auf ein gefettetes Backblech oder in eine große Auflaufform streichen und im Backofen bei 180 °C ca. 30 Minuten vorbacken.

4 Zwiebel und Knoblauchzehen würfeln und in Rapsöl andünsten. Mangoldblätter und Stiele in Streifen schneiden, zu den Zwiebeln geben und ca. 10 Minuten mitdünsten. Mit Kräutersalz, Muskatnuss und Pfeffer abschmecken.

5 Käse reiben. Mangold auf der vorgebackenen Kartoffelmasse verteilen, mit Käse bestreuen und nochmals 15–20 Minuten backen.

**Energie 340 kcal • Fett 18 g • Kohlenhydrate 23 g • Eiweiß 16 g • Ballaststoffe 14 g**

# BÄRLAUCHPESTO

GESCHENK AUS DER KÜCHE

**FÜR 2 KLEINE GLÄSER (JE 200 ML)**

**ZUTATEN**

| | |
|---|---|
| 100 g | Bärlauch |
| 50 g | Cashewnüsse |
| 100 g | Olivenöl |
| 50 g | Parmesan, fein gerieben |
| | Salz |

1 Bärlauch waschen und trocken schleudern.

2 Cashewnüsse grob hacken.

3 Bärlauch mit Olivenöl und Cashewnüssen fein pürieren. Zum Schluss Parmesan unterheben und mit Salz abschmecken.

4 Pesto randvoll in Gläser füllen und im Kühlschrank aufbewahren.

Pro EL (15 g): Energie 70 kcal · Fett 7 g · Kohlenhydrate 1 g · Eiweiß 1 g · Ballaststoffe 0 g

**TIPP** Das Pesto sollte innerhalb einer Woche verbraucht werden. Es lässt sich auch hervorragend einfrieren. Dann die Gläser nicht ganz bis zum Rand füllen.

# BANDNUDELN mit Rucola und getrockneten Tomaten

## AROMATISCHER GENUSS AUF ITALIENISCHE ART

### ZUTATEN

| | |
|---|---|
| 400 g | Linguine oder Bandnudeln aus Dinkel |
| 100 g | Rucola |
| 2 | Knoblauchzehen |
| 3 EL | Olivenöl |
| 80 g | getrocknete Tomaten in Öl |
| 8–12 | schwarze Oliven |
| 50 g | Pecorino oder Parmesan |
| | Salz, Pfeffer |

### VARIATION

Vegan wird das Gericht, wenn Sie den Käse wie auf unserem Foto einfach weglassen.

1 Nudeln in gesalzenem Wasser bissfest kochen.

2 Rucola putzen, dabei grobe Stiele entfernen, waschen und abtropfen lassen.

3 Knoblauchzehen fein hacken und in Olivenöl in einer großen Pfanne anschwitzen.

4 Getrocknete Tomaten in Streifen schneiden; Oliven gegebenenfalls entkernen und mit den Tomaten zu dem Knoblauch geben und kurz erwärmen.

5 Nudeln in die Pfanne geben und mit den Tomaten und den Oliven vermischen.

6 Rucolablätter etwas klein schneiden und kurz vor dem Servieren unterheben.

7 Käse in dünne Späne hobeln und über den Nudeln verteilen. Gericht am besten auf vorgewärmten Tellern sofort servieren.

Energie 530 kcal · Fett 15 g · Kohlenhydrate 78 g · Eiweiß 19 g · Ballaststoffe 7 g

### TIPP

Statt in Öl eingelegter Tomaten können Sie auch getrocknete Tomaten verwenden. Diese werden schön weich, wenn Sie sie einige Minuten in heißem Wasser quellen lassen.

# FRÜHLINGSRISOTTO mit Spargel und Parmesan

## LÄSST SICH GUT VORBEREITEN – IDEAL, WENN GÄSTE KOMMEN

### ZUTATEN

| | |
|---|---|
| 4 | Frühlingszwiebeln |
| 1 EL | Rapsöl |
| 300 g | Risotto- oder Rundkornreis |
| 600 ml | Wasser |
| 100 ml | Weißwein oder Gemüsebrühe |
| 500 g | grüner Spargel |
| 300 g | Kohlrabi |
| 100 g | Kaiserschoten oder frische Erbsen |
| 100 ml | Sahne |
| 50 g | Parmesan, frisch gerieben |
| | Salz, Pfeffer |

1 Frühlingszwiebeln schräg in etwa 2 cm lange Stücke schneiden. Rapsöl in einem weiten Topf erhitzen, Frühlingszwiebeln darin andünsten, Reis zugeben und mit Wasser ablöschen. Reis bei geschlossenem Deckel und geringer Hitze ca. 25–30 Minuten köcheln lassen. Gegen Ende der Garzeit Weißwein bzw. Gemüsebrühe unterrühren.

2 Spargel waschen, das holzige Ende abschneiden und die untere Hälfte schälen. Spargel in 4–5 cm lange Stücke teilen. Kohlrabi schälen, in dicke Stifte schneiden und mit dem Spargel in einer großen Pfanne in wenig Wasser in 10–15 Minuten gar dünsten. In den letzten 5 Minuten die Kaiserschoten bzw. Erbsen dazugeben. Salzen.

3 Den heißen Reis unter das Gemüse mischen, Sahne dazugießen und einmal kurz aufkochen lassen.

4 Mit Salz und Pfeffer abschmecken und mit frisch geriebenem Parmesan und gehackter Petersilie servieren.

Energie 485 kcal · Fett 16 g · Kohlenhydrate 69 g · Eiweiß 15 g · Ballaststoffe 6 g

### TIPP

Wenn Sie das Gemüse in gröbere Stücke schneiden, bewahren diese besser ihr eigenes Aroma und bringen mehr Biss in das Risotto.

# Spinat

## AUF DEM MARKT

Mit sattem Grün und glänzendem Blatt verlockt Spinat im zeitigen Frühjahr zum Zugreifen. Die zarten Blätter zählen zum ersten heimischen Gemüse, das nach den Wintermonaten auf den Markt kommt. Von da an wird Spinat bis in den Oktober hinein frisch vom Feld geerntet. Der im Frühjahr gesäte Sommerspinat ist meist besonders zart, die Blätter des Winterspinats sind fester und dunkler. Wenn Sie Tiefkühlware verwenden möchten, dann wählen Sie naturbelassenen Blattspinat. Fertige Spinatzubereitungen enthalten meist unnötige Zutaten und viel Salz.

## FÜR DEN KÖRPER

Dass Spinat nicht ganz so viel Eisen enthält, wie früher angenommen, hat sich mittlerweile herumgesprochen. Dennoch ist das grüne Blattgemüse dafür eine gute Quelle. Wertvolle Inhaltsstoffe sind außerdem das Vitamin Folat sowie das Carotinoid Lutein. Beide mögen Hitze nicht so gern, daher sollte Spinat nur kurz gedünstet und gelegentlich auch als Salat auf den Tisch kommen. Mit Käse kombiniert, bindet das enthaltene Kalzium die Oxalsäure aus dem Spinat, sodass das Gemüse noch besser vertragen wird.

## IN DER KÜCHE

Wer Spinat nur als zerkochten grünen Brei kennt, hat etwas verpasst. Denn gerade die frischen, ganzen Blätter sind besonders vielseitig: Ihr zarter Geschmack überzeugt als gedünstete Beilage, in Aufläufen, als pürierte Suppe oder als frischer Salat. Auch als Füllung für Quiches und Teigtaschen ist Spinat hervorragend geeignet, vor allem in Kombination mit Schafskäse.

Für eine angenehme, nicht zu aufdringliche Würze sorgen beispielsweise Zwiebeln, Knoblauch und Muskatnuss.

Bei der Menge sollten Sie nicht geizen. Die Blätter fallen beim Dünsten stark zusammen. Rechnen Sie damit, dass Sie für ein warmes Spinatgericht pro Person etwa 400 Gramm Rohware benötigen.

## STECKBRIEF

*Botanischer Name:* Spinacia oleracea
*Wichtige Inhaltsstoffe:* Folsäure, Eisen, Carotinoide, Chlorophyll.

## ZUBEREITUNG

Kurz gedünstet, junge, zarte Blätter auch roh als Salat.

# HIRSECRÊPES

HERZHAFTE ÜBERRASCHUNG FÜR PFANNKUCHENFANS

### FÜR DIE HIRSECRÊPES

| | |
|---|---|
| 200 g | Hirse, fein gemahlen |
| 300 ml | Milch (3,5 %) |
| 2 | Eier |
| | Salz |
| 1 EL | Rapsöl zum Ausbacken |

### FÜR DIE FÜLLUNG

| | |
|---|---|
| 1 kg | frischer Blattspinat |
| 1 kleine | Zwiebel |
| 1 | Knoblauchzehe |
| 1 EL | Rapsöl |
| 100 g | Ziegenfrischkäse oder Frischkäse |
| 1 Beet | Kresse |
| | Salz, Pfeffer, Muskatnuss |

### HIRSECRÊPES

Hirsemehl mit Milch, Eiern und Salz verrühren und ca. 10 Minuten quellen lassen.

### FÜLLUNG

1 Spinat putzen und waschen.

2 Zwiebel und Knoblauchzehe fein würfeln und in Rapsöl anschwitzen. Spinatblätter zugeben und ca. 10 Minuten mitdünsten. Mit Salz, Pfeffer, Muskatnuss und Frischkäse abschmecken.

3 Kresse vom Beet schneiden.

4 Teig nochmal gut aufrühren und daraus in Rapsöl 8 dünne Crêpes backen.

5 Auf je eine Crêpehälfte etwas Spinat geben, etwas Kresse darüber verteilen und Crêpes zusammenklappen. Gegebenenfalls bis zum Servieren im Backofen warm halten. Restliche Kresse vor dem Servieren über die Crêpes streuen.

Energie 435 kcal · Fett 20 g · Kohlenhydrate 44 g · Eiweiß 18 g · Ballaststoffe 5 g

# KOHLRABI mit Käsekruste

KNUSPRIGES OFENGERICHT

### ZUTATEN

| | |
|---|---|
| 800 g | Kohlrabi |
| 2 EL | Sonnenblumenkerne |
| 2 | Scheiben altes Vollkornbrot |
| 100 g | Bergkäse oder geräucherter Käse |
| 4 EL | saure Sahne |
| | Salz, Pfeffer, Muskatnuss |

1 Kohlrabi schälen, vierteln und in dünne Scheiben schneiden. In wenig Wasser ca. 10 Minuten bissfest dünsten. Mit Salz, Pfeffer und Muskatnuss abschmecken. Kohlrabi mit der Garflüssigkeit in eine flache Auflaufform geben.

2 Sonnenblumenkerne in einer Pfanne ohne Fett anrösten. Vollkornbrot toasten und anschließend zerbröseln. Käse grob reiben und mit Sonnenblumenkernen, Brotkrümeln und saurer Sahne vermischen.

3 Die Masse über den Kohlrabischeiben verteilen und im Backofen bei 200 °C 10–15 Minuten überbacken.

Dazu schmecken junge Pellkartoffeln gut.

Energie 225 kcal · Fett 11 g · Kohlenhydrate 17 g · Eiweiß 13 g · Ballaststoffe 4 g

# TOPINAMBUR-MÖHRENRÖSTI mit Kräuterjoghurt

## DEFTIG UND FEIN ZUGLEICH

### FÜR DIE TOPINAMBUR-MÖHREN-RÖSTI

| | |
|---|---|
| 400 g | Möhren |
| 400 g | Topinambur |
| 1 EL | Zitronensaft, frisch gepresst |
| 1 kleine | Zwiebel |
| 2 | Eier |
| 2–4 EL | Vollkornmehl |
| 2 EL | Rapsöl |
| | Salz, Pfeffer, Muskatnuss |

### FÜR DEN KRÄUTERJOGHURT

| | |
|---|---|
| 300 g | Joghurt |
| 150 g | saure Sahne |
| ½ Bund | gemischte Kräuter (z. B. Petersilie, Schnittlauch, Kerbel, Zitronenmelisse) |
| | Kräutersalz, Pfeffer |

### VARIATION

Anstelle von Topinambur schmecken auch Kartoffeln oder Pastinaken in den Rösti lecker.

### TOPINAMBUR-MÖHREN-RÖSTI

1 Möhren und Topinambur gegebenenfalls schälen und mittelfein raspeln. Mit Zitronensaft beträufeln.

2 Zwiebeln in feine Würfel schneiden und unterheben.

3 Eier mit Salz, Pfeffer und Muskatnuss untermischen. So viel Vollkornmehl einarbeiten, bis die Masse etwas zusammenhält.

4 In eine Pfanne mit heißem Öl jeweils einen Esslöffel Masse geben, etwas flach drücken und von beiden Seiten ausbacken.

### KRÄUTERJOGHURT

1 Joghurt und saure Sahne miteinander verrühren. Kräuter fein schneiden oder hacken und mit Kräutersalz und Pfeffer zu dem Joghurt geben.

2 Den Kräuterjoghurt zu den Rösti servieren.

Energie 280 kcal · Fett 15 g · Kohlenhydrate 20 g · Eiweiß 12 g · Ballaststoffe 16 g

### TIPP

Topinamburknollen können wie Möhren mit Schale gekocht und gegessen werden, unschöne Stellen sollten Sie allerdings vorher herausschneiden.

# BÄRLAUCHPFANNKUCHEN mit Radieschenquark

## FRÜHLINGSFRISCH, MIT VIELEN KRÄUTERN

**Quellzeit: 30 Minuten**

### FÜR DIE BÄRLAUCH-PFANNKUCHEN

| | |
|---|---|
| 250 g | Dinkelvollkornmehl |
| 500–600 ml | Milch (3,5 %) |
| 3 | Eier |
| ½ Bund | Bärlauch oder andere Kräuter (z. B. Kerbel, Kresse, Schnittlauch) |
| 2 EL | Rapsöl zum Ausbacken |
| | Salz |

### FÜR DEN RADIESCHENQUARK

| | |
|---|---|
| 250 g | Sahnequark |
| 200 g | Joghurt |
| ½ Bund | Radieschen |
| ½ Bund | Schnittlauch |
| | Salz, Pfeffer |

### VARIATION

Gemahlener Dinkel eignet sich hervorragend für jeden Teig. Die Pfannkuchen gelingen aber auch mit Weizenvollkornmehl.

### BÄRLAUCH-PFANNKUCHEN

1 Dinkelmehl mit Salz vermischen. Mit Milch und Eiern zu einem glatten Teig verrühren. Ca. 30 Minuten quellen lassen.

2 Kräuter mit einem scharfen Messer ganz klein schneiden und unter den Pfannkuchenteig mischen.

3 In einer Pfanne in heißem Öl dünne Pfannkuchen backen, zu Röllchen aufrollen und im Backofen warm halten.

### RADIESCHENQUARK

1 Quark mit Joghurt glatt rühren und mit Salz und Pfeffer abschmecken. Radieschen fein würfeln oder grob reiben und unter den Quark mischen. Schnittlauch in Röllchen schneiden und den Quark damit bestreuen.

2 Pfannkuchen zu dem Radieschenquark servieren.

Energie 545 kcal · Fett 25 g · Kohlenhydrate 51 g · Eiweiß 27 g · Ballaststoffe 6 g

### TIPP

Übrige Pfannkuchen lassen sich am nächsten Tag gut in einer Flädlesuppe unterbringen. Dafür den Pfannkuchen aufrollen, quer in dünne Streifen schneiden und diese in eine heiße Gemüsebouillon geben.

# HAFERPUFFER mit Mangoldgemüse

## GESUNDE KOMBINATION, MIT DER MAN AUCH BEI KINDERN PUNKTET

**Quellzeit: 1–2 Stunden**

### FÜR DIE HAFERPUFFER

| | |
|---|---|
| 250–300 ml | Milch (3,5 %) |
| 200 g | feine Haferflocken |
| 1 | Möhre |
| 1 kleine | Zwiebel |
| 80 g | Gouda, mittelalt |
| ½ Bund | Petersilie |
| 2 | Eier |
| 2 EL | Rapsöl zum Ausbacken |
| | Salz, Pfeffer |

### FÜR DEN MANGOLD

| | |
|---|---|
| 600 g | Mangold |
| 1 | Zwiebel |
| 1 | Knoblauchzehe |
| 1 EL | Rapsöl |
| | Kräutersalz, Pfeffer, Muskatnuss gerieben |

### HAFERPUFFER

1. Milch erhitzen und Haferflocken hineinrühren. 1–2 Stunden quellen lassen.
2. Möhre fein raspeln und Zwiebel fein würfeln.
3. Käse fein würfeln und Petersilie fein hacken. Alles zusammen mit den Eiern unter die Hafermasse mischen. Mit Salz und Pfeffer abschmecken.
4. Je 2 Esslöffel von der Masse in eine Pfanne mit heißem Öl setzen, etwas flachdrücken und Puffer von beiden Seiten goldbraun backen.

### MANGOLDGEMÜSE

1. Mangoldstiele von den Blättern trennen und in 1–2 cm breite Streifen schneiden. Blätter in 1–2 cm breite Streifen schneiden.
2. Zwiebel und Knoblauchzehe fein würfeln und in Rapsöl hell andünsten.
3. Erst Mangoldstiele einige Minuten mitdünsten, dann die Blätter zugeben, salzen und bei geschlossenem Deckel etwa 10 Minuten dünsten, bis das Gemüse gar ist.
4. Mit Kräutersalz, Pfeffer und Muskatnuss abschmecken und zu den Haferpuffern servieren.

Energie 435 kcal · Fett 22 g · Kohlenhydrate 37 g · Eiweiß 20 g · Ballaststoffe 9 g

**TIPP** Wenn es mal schnell gehen soll, können Sie die Haferflocken kurz in der Milch aufkochen lassen und danach direkt weiterverarbeiten. So sparen Sie sich die Quellzeit.

# ROTE-BETE-BOHNENEINTOPF

MACHT SATT UND WÄRMT

**Einweichzeit: ca. 8 Stunden**

## ZUTATEN

| | |
|---|---|
| 80 g | weiße, mittelgroße Bohnen, getrocknet |
| 400 ml | Wasser |
| 1 große | Zwiebel |
| 1 EL | Rapsöl |
| 150 g | Möhren |
| 400 g | Rote Bete |
| 200 g | Kartoffeln |
| 40 g | Tomatenmark |
| 2 EL | Obstessig |
| 800 ml | Gemüsebrühe |
| 1 | Lorbeerblatt |
| 250 g | Weißkohl |
| 1 TL | Honig |
| 4 EL | frische Petersilie |
| | Salz, Pfeffer, Paprika |

1 Bohnen über Nacht in Wasser einweichen und am nächsten Tag im Einweichwasser 40–50 Minuten gar kochen.

2 Zwiebel fein würfeln und in Öl hell andünsten.

3 Möhren in Scheiben und Rote Bete in Streifen schneiden, Kartoffeln würfeln und alles zu den Zwiebeln geben. Tomatenmark unterrühren, kurz mit anbraten und mit Essig ablöschen.

4 Gemüsebrühe dazugießen, Lorbeerblatt zugeben und das Gemüse ca. 10 Minuten köcheln lassen.

5 Weißkohl in Streifen schneiden und zusammen mit den abgetropften Bohnen und Honig zu dem Gemüse geben. Nochmals 10–15 Minuten köcheln lassen, bis das Gemüse gar ist.

6 Mit Salz, Pfeffer, Paprikapulver und Essig abschmecken und mit gehackter Petersilie servieren.

Energie 230 kcal · Fett 7 g · Kohlenhydrate 30 g · Eiweiß 9 g · Ballaststoffe 12 g

# RÜBCHEN-APFELGRATIN

HERZHAFT TRIFFT SÜSS

## ZUTATEN

| | |
|---|---|
| 150 ml | Sahne |
| 200 ml | Milch (3,5 %) |
| 1 | Ei |
| 600 g | Mairüben |
| 200 g | Äpfel |
| 200 g | Gemüsezwiebeln |
| | Kräutersalz, Pfeffer, Kurkuma, Muskatnuss |

## VARIATION

Auch alle anderen Mitglieder der Rübchenfamilie (s. S. 28) lassen sich in diesem köstlichen Gratin verbacken.

1 Sahne, Milch und Ei miteinander verquirlen und mit Kräutersalz, Pfeffer, Kurkuma und Muskatnuss würzen.

2 Mairüben waschen, evtl. schälen und quer in dünne Scheiben schneiden oder hobeln.

3 Äpfel vierteln und entkernen, Zwiebeln schälen und beides in dünne Scheiben schneiden.

4 Mairüben, Äpfel und Zwiebeln abwechselnd in eine Auflaufform schichten und mit der Eiermilch übergießen.

5 Bei 180 °C im Backofen ca. 30 Minuten backen, bis die Rüben weich sind.

Dazu schmecken Pellkartoffeln oder Hirse lecker.

Energie 245 kcal · Fett 15 g · Kohlenhydrate 20 g · Eiweiß 6 g · Ballaststoffe 7 g

# ZITRONENKARTOFFELN mit Stielmus

## KLASSISCH DEUTSCHES GEMÜSE – MAL GANZ ANDERS

### FÜR DIE ZITRONENKARTOFFELN

| | |
|---|---|
| 800 g | festkochende Kartoffeln |
| 1–2 | Bio-Zitronen |
| 1 große | Zwiebel |
| 1 EL | Olivenöl |
| 4 EL | Gemüsebrühe |
| | Salz, Pfeffer |

### FÜR DEN STIELMUS

| | |
|---|---|
| 600 g | Stielmus |
| 2 | Knoblauchzehen |
| 1 | rote Peperoni |
| 2 EL | Olivenöl |
| | Salz, Pfeffer |

### ZITRONENKARTOFFELN

1 Kartoffeln mit Schale in Salzwasser zugedeckt etwa 30 Minuten gar kochen.

2 Eine Zitrone heiß abwaschen und die Schale fein reiben. Die Zitronen auspressen.

3 Zwiebel in Würfel schneiden und in Olivenöl andünsten. Zitronenschale zugeben und kurz mitschwitzen.

4 Kartoffeln pellen und in dicke Scheiben schneiden. Unter die heißen Zwiebelwürfel mischen und mit Salz und Pfeffer würzen. Mit Zitronensaft begießen. Falls die Kartoffeln sehr trocken sind, etwas Gemüsebrühe zugeben.

### STIELMUS

1 Stielmusblätter und -stengel in Streifen schneiden und Knoblauchzehen fein hacken.

2 Peperoni in feine Ringe schneiden.

3 Knoblauchzehen und Stielmus in Olivenöl andünsten, Peperoni zugeben, salzen und mit etwas Wasser bei geschlossenem Deckel in etwa 10 Minuten gar dünsten. Mit Salz und Pfeffer abschmecken.

4 Zitronenkartoffeln zu dem gedünsteten Stielmus servieren.

Energie 210 kcal · Fett 6 g · Kohlenhydrate 31 g · Eiweiß 7 g · Ballaststoffe 5 g

**INFO** Stielmus möglichst frisch verarbeiten, da die zarten Blätter schnell welken. Fertig gegartes Stielmus lässt sich gut einfrieren.

# Kräuter

## AUF DEM MARKT

Von mild bis scharf, zart bis herb oder säuerlich bis süßlich – die Vielfalt der würzigen Blätter ist kaum zu überbieten. Frische Kräuter werden zwar das ganze Jahr über angeboten, so richtig aromatisch schmecken sie aber erst, wenn sie reichlich Sonne genossen haben. Als erste Freilandkräuter kommen im März Sauerampfer, Bärlauch und Kerbel auf den Markt. Von da an geht es bis in den späten Herbst mit Petersilie, Basilikum, Bohnenkraut, Salbei, Thymian und vielen anderen weiter. Damit Sie immer frisches Grün zur Hand haben, können Sie Ihr Lieblingskraut in einem Töpfchen auf der Fensterbank ziehen. Rosmarin, Schnittlauch, Zitronengras oder Basilikum gedeihen bei guter Pflege auch im Haus.

## FÜR DEN KÖRPER

Nicht nur mit Aroma, sondern auch mit wertvollen Inhaltsstoffen und Heilwirkungen überzeugen Kräuter. Die Liste an bioaktiven Wirkstoffen ist lang. Die scharfen Senföle in Kresse etwa machen unerwünschten Mikroorganismen das Leben schwer, ätherische Öle aus Salbei und Thymian vertreiben Bakterien, und schwefelhaltige Verbindungen aus Bärlauch sind wirksame Antioxidanzien. Darüber hinaus sind viele Kräuter echte Nährstoffpakete. 100 Gramm Petersilie enthält mit 160 Milligramm etwa dreimal so viel Vitamin C wie eine Orange und 100 Gramm Kresse liefert genauso viel Kalzium wie ein kleines Glas Milch. Allerdings müsste man schon eine ganze Menge davon essen, um beispielsweise seinen Vitaminhaushalt mit Kräutern aufrechtzuerhalten. Es lohnt sich aber auf jeden Fall, Kräuter öfter in den Mittelpunkt zu stellen, etwa in Pesto, im Kräutersalat oder in der Suppe.

## IN DER KÜCHE

In vielen Gerichten spielen Kräuter die Hauptrolle: kein Pesto ohne Basilikum, kein Couscoussalat ohne Minze, keine original mexikanische Guacamole ohne Koriander. Besonders die internationalen Küchen beherrschen die Kunst der Kräuterküche. Im Nahen Osten und in Asien werden sie gleich bündelweise verarbeitet. Während frische Kräuter erst kurz vor dem Verzehr an die Speisen sollten, können getrocknete Thymian, Rosmarin oder Majoran ruhig mitgaren, damit sich das Aroma besser entfaltet. Klein geschnittene Kräuter bleiben in einem luftdichten Gefäß im Kühlschrank ein paar Tage frisch. Etwas Öl verhindert, dass sich die empfindlichen Aromastoffe an der Luft zersetzen. Außerdem lassen sich Kräuter gut einfrieren.

## STECKBRIEF

*Bei uns stark vertreten:* Basilikum, Borretsch, Bohnenkraut, Dill, Kresse, Liebstöckel, Lorbeer, Majoran, Oregano, Petersilie, Rosmarin, Schnittlauch, Thymian, Zitronenmelisse
*Wichtige Inhaltsstoffe:* Vitamin C, Beta-Carotin, sekundäre Pflanzenstoffe wie Monoterpene, Carotinoide, Phenolsäuren

## ZUBEREITUNG

Am besten frisch in Salaten, Pesto, herzhafte Quarkspeisen, Dips und zur Garnierung.

Rosmarin
Petersilie
Minze
Thymian
Majoran
Koriander
Salbei
Oregano

# Schnelle GEMÜSEPFANNE mit Ingwer

## HEIMISCHES GEMÜSE, MIT FERNÖSTLICHER NOTE ZUBEREITET

### ZUTATEN

| | |
|---|---|
| 4 | Frühlingszwiebeln |
| 300 g | Möhren |
| 150 g | Pastinaken oder Sellerie |
| 100 g | frische Erbsen, gepalt, oder Zuckerschoten |
| 250 g | Kohlrabi |
| 1 cm | Ingwerwurzel |
| 1 | Knoblauchzehe |
| 3 EL | Rapsöl |
| 3 EL | Sojasoße |
| 1 TL | Agaven- oder Birnendicksaft |
| 2 EL | Zitronensaft, frisch gepresst |
| 100–200 ml | Wasser |
| | Salz |

### VARIATION

Das perfekte Restegericht: In dieser Gemüsepfanne können Sie prima alle Gemüse verwerten, die sich im Kühlschrank angesammelt haben.

1 Frühlingszwiebeln, Möhren und Pastinaken in schräge Scheiben und Kohlrabi in dünne Streifen schneiden.

2 Ingwerwurzel schälen und in kleine Stifte schneiden; Knoblauchzehe fein hacken.

3 Rapsöl in einer großen Pfanne oder einem Wok erhitzen und Frühlingszwiebeln, Ingwer und Knoblauch etwa 1 Minute darin anbraten. Das Gemüse zugeben, salzen und unter Rühren 8–10 Minuten schmoren, bis das Gemüse bissfest ist.

4 Sojasoße, Agaven- bzw. Birnendicksaft, Zitronensaft und Wasser zugeben und einmal aufkochen lassen.

Mit dünnen Nudeln oder Reis servieren.

Energie 160 kcal · Fett 8 g · Kohlenhydrate 17 g · Eiweiß 4 g · Ballaststoffe 5 g

# TOPFENSCHMARRN mit Erdbeer-Rhabarbersalat

## SÜSSER KLASSIKER MIT BESONDERS FRUCHTIGER BEGLEITUNG

**Einweichzeit: 2–3 Stunden**

### FÜR DEN ERDBEER-RHABARBERSALAT

| | |
|---|---|
| 3 Stangen | Rhabarber |
| 4 EL | Apfeldicksaft |
| 1 Schnitz | Bio-Zitrone |
| 1 Prise | Vanille, gemahlen |
| 400 g | Erdbeeren |
| | Zucker |

### FÜR DEN TOPFENSCHMARRN

| | |
|---|---|
| 170 g | Dinkelvollkorngrieß |
| 250 ml | Milch (3,5 %) |
| 2 | Eier |
| 40 g | Butter, weich |
| 3 EL | Vollrohrzucker |
| 1 Prise | Salz |
| 1 Prise | Vanille, gemahlen |
| 200 g | Magerquark |
| 2 EL | Rapsöl zum Ausbacken |
| 1 EL | Puderzucker |
| | Minzeblätter |

### VARIATION

Im Herbst können Sie den Schmarrn mit Pflaumen- oder Apfelkompott servieren.

### ERDBEER-RHABARBERSALAT

Rhabarber putzen, in Stücke schneiden und mit einem Zitronenschnitz in Apfeldicksaft kurz aufkochen lassen. Mit gemahlener Vanille und evtl. noch etwas Zucker würzen. Abkühlen lassen.

### TOPFENSCHMARRN

1 Dinkelgrieß mit Milch verrühren und 2–3 Stunden quellen lassen.

2 Die Eier trennen und Eigelbe mit Butter und Zucker schaumig rühren. Die Grieß-Milchmischung mit Salz, Vanille sowie dem Quark dazugeben und alles gut verrühren.

3 Eiweiß steif schlagen und unter die Grießmasse heben. Die Masse sollte schwer vom Löffel fließen.

4 Öl in einer großen Pfanne erhitzen und Grießmasse hineingießen. Bei ganz kleiner Hitze und geschlossenem Deckel ca. 10 Minuten stocken lassen, anschließend den Schmarrn in Tortenstücke teilen, diese wenden und noch mal kurz garen, bis der Teig fest ist. Mit dem Pfannenwender in kleine Stücke teilen und unter Rühren wenige Minuten erhitzen, bis der Schmarrn leicht gebräunt ist.

5 Kurz vor dem Servieren Erdbeeren in Achtel schneiden und mit dem abgekühlten Rhabarber vermischen.

6 Topfenschmarrn mit Puderzucker und Obst mit Minzeblättchen garnieren und zusammen servieren.

Energie 520 kcal · Fett 20 g · Kohlenhydrate 62 g · Eiweiß 20 g · Ballaststoffe 10 g

# Frühlingsmenü

VORSPEISE

## SPARGELSALAT

MIT BÄRLAUCHDRESSING

HAUPTGERICHT

## CANNELLONI

MIT MANGOLD-SCHAFSKÄSEFÜLLUNG

DESSERT

## Schnelles ERDBEER-TIRAMISU

VORSPEISE

# Spargelsalat mit Bärlauchdressing

### ZUTATEN

| | |
|---|---|
| 300 g | grüner Spargel |
| 150 g | Kaiserschoten |
| 3 EL | Olivenöl |
| 3 EL | Balsamico bianco oder Weißweinessig |
| ½ Bund | Bärlauch |
| 4 große | Blätter Radicchio oder Lollo Rosso |
| | Meersalz, Pfeffer |

### VARIATION

Der Bärlauch bildet einen schönen geschmacklichen Kontrast zu dem zarten Spargel. Wenn Sie keinen Bärlauch bekommen, nehmen Sie einfach Kresse oder lassen die Kräuter ganz weg und mischen stattdessen 2–3 EL frisch geröstete Sesamsamen unter den Salat.

1 Vom Spargel die holzigen Enden abschneiden und die untere Hälfte schälen. Spargel schräg in breite Scheiben schneiden. Kaiserschoten ebenfalls in breite Querstreifen schneiden.

2 Für das Dressing Olivenöl mit Essig, Salz und Pfeffer gut verrühren. Bärlauch in feine Streifen schneiden und unterheben. Spargel und Kaiserschoten unter das Dressing mischen und abschmecken.

3 Spargelsalat auf den vier Salatblättern anrichten.

Energie 120 kcal · Fett 8 g · Kohlenhydrate 7 g · Eiweiß 4 g · Ballaststoffe 4 g

HAUPTSPEISE

# Cannelloni mit Mangold-Schafskäsefüllung

### FÜR DIE CANNELLONI

| | |
|---|---|
| 400 g | Mangold |
| 1 | Knoblauchzehe |
| 1 EL | Rapsöl |
| 200 g | Feta |
| 200 g | Magerquark |
| 200 g | Cannelloni |
| 50 g | Parmesan, frisch gerieben |
| | Salz, Muskatnuss, Pfeffer |

### FÜR DIE SOSSE

| | |
|---|---|
| 1 große | Zwiebel |
| 1 | Knoblauchzehe |
| 1 EL | Olivenöl |
| 1 | Lorbeerblatt |
| 3 EL | Rotwein oder Gemüsebrühe |
| 800 g | passierte Tomaten |
| | Oregano, Salz, Pfeffer |

### CANELLONI

1 Mangold putzen, waschen und in Streifen schneiden. Knoblauchzehe fein hacken und in Rapsöl kurz andünsten. Mangold zugeben, salzen und bei geschlossenem Deckel 5–10 Minuten dünsten. Mit geriebener Muskatnuss abschmecken.

2 Mangold zusammen mit dem zerbröckelten Feta und dem Quark pürieren und mit Salz und Pfeffer abschmecken.

3 Die Mangoldmasse mit einem breiten Messer in die Cannelloni füllen.

### SOSSE

1 Zwiebel und Knoblauchzehe fein würfeln. In Olivenöl andünsten, Lorbeerblatt dazugeben und mit Rotwein oder Gemüsebrühe ablöschen. Passierte Tomaten zufügen, mit Oregano, Salz und Pfeffer würzen und etwa 5 Minuten köcheln lassen. Falls die Tomaten noch stückig sind, Lorbeerblatt herausnehmen. Dann die Soße mit dem Pürierstab fein pürieren.

2 Etwas Tomatensoße in einer breiten Auflaufform verteilen.

3 Die gefüllten Cannelloni dicht nebeneinander in die Auflaufform setzen. Restliche Tomatensoße darübergießen. Parmesan darauf verteilen und im vorgeheizten Backofen bei 180 °C ca. 30 Minuten garen.

Energie 520 kcal · Fett 23 g · Kohlenhydrate 47 g · Eiweiß 29 g · Ballaststoffe 7 g

DESSERT

# Schnelles Erdbeer-Tiramisu

**Ziehzeit: mindestens 1 Stunde**

### ZUTATEN

| | |
|---|---|
| 500 g | Erdbeeren |
| 4 EL | Apfeldicksaft |
| 100 ml | Sahne |
| 300 g | Vanillejoghurt |
| 100 g | Löffelbiskuit |
| 2 EL | ungesüßtes Kakaopulver |

1 Erdbeeren waschen und putzen. Die Hälfte der Erdbeeren pürieren und mit Apfeldicksaft süßen. Die übrigen Erdbeeren in Viertel oder Achtel schneiden.

2 Sahne steif schlagen und unter den Vanillejoghurt heben.

3 Löffelbiskuits jeweils auf vier breite Gläser oder Glasschälchen verteilen. Pürierte Erdbeermasse darübergeben und Erdbeerstücke darauf verteilen. Zum Schluss die Sahnecreme darübergießen und mindestens 1 Stunde durchziehen lassen.

4 Vor dem Servieren Kakaopulver durch ein kleines Sieb streichen und das Tiramisu damit bestäuben.

Energie 340 kcal · Fett 14 g · Kohlenhydrate 45 g · Eiweiß 8 g · Ballaststoffe 4 g

## TIPP

Vanillejoghurt lässt sich auch leicht selbst herstellen, indem Sie Naturjoghurt mit einer kräftigen Prise gemahlener Vanille sowie etwas Zucker oder Honig verrühren.

Sommer

# Klare BOHNENSUPPE

## FEINE SUPPE MIT HERZHAFTER NOTE – BRAUCHT ETWAS ZEIT

**Einweichzeit: ca. 8–12 Stunden**

### ZUTATEN

| | |
|---|---|
| 100 g | weiße Bohnen, getrocknet |
| 500 ml | Wasser |
| 1 | Lorbeerblatt, |
| 2 | getrocknete Nelken |
| 1 | Zwiebel |
| 150 g | Möhren |
| 150 g | Sellerie |
| 2 EL | Rapsöl |
| 1 l | Wasser |
| 2 | Tomaten |
| 1 kleine | Lauchstange |
| 3 EL | Weißweinessig |
| 1 EL | Majoran- oder Thymianblättchen |
| | Salz, Pfeffer |

1 Bohnen 8–12 Stunden in Wasser einweichen.

2 Bohnen im Einweichwasser mit Lorbeerblatt und Nelken etwa 50 Minuten gar kochen. Falls nötig, noch etwas Wasser zugeben.

3 Zwiebel schälen und würfeln. Möhren und Sellerie in dünne Stifte schneiden.

4 Zwiebel in Rapsöl andünsten, Gemüsestifte dazugeben, kurz mitschmoren und mit Wasser aufgießen.

5 Tomaten in Würfel und Lauch in Ringe schneiden. Beides mit den gekochten Bohnen und Salz zur Suppe geben und etwa 10–15 Minuten köcheln lassen.

6 Suppe mit Salz, Pfeffer, Weißweinessig und Kräutern abschmecken.

Energie 145 kcal · Fett 6 g · Kohlenhydrate 13 g · Eiweiß 7 g · Ballaststoffe 9 g

**TIPP** Falls es schnell gehen soll, können Sie auch gekochte Bohnen aus dem Glas verwenden.

# ZUCCHINISUPPE

## CREMIGES SÜPPCHEN MIT KNUSPRIGER KRONE

### ZUTATEN

| | |
|---|---|
| 1 | Zwiebel |
| 2 | Knoblauchzehen |
| 2 EL | Rapsöl |
| 600 g | Zucchini |
| 600 ml | Wasser |
| 2 EL | Mandelmus |
| 4 EL | Mandelblättchen |
| | Kräutersalz, Pfeffer, Muskatnuss |
| | Salz, Paprikapulver |

1 Zwiebel und Knoblauchzehen fein hacken und in Rapsöl hell anschwitzen.

2 Zucchini in grobe Würfel schneiden und zu den Zwiebeln geben. Salzen und kurz mitdünsten.

3 Wasser zugießen und bei kleiner Hitze etwa 10 Minuten köcheln lassen, bis die Zucchini gar sind.

4 Mit dem Pürierstab sehr fein pürieren und mit Kräutersalz, Pfeffer und Muskatnuss abschmecken. Zum Schluss das Mandelmus unterziehen.

5 Mandelblättchen in einer Pfanne ohne Fett leicht anrösten, mit Salz und Paprikapulver würzen und über die Suppe streuen.

Energie 180 kcal · Fett 15 g · Kohlenhydrate 5 g · Eiweiß 6 g · Ballaststoffe 3 g

### TIPP

Mandelmus finden Sie in Naturkostläden und Reformhäusern. Das Mus gibt veganen Suppen und Soßen eine wunderbar cremige Konsistenz und schmeckt auch als Aufstrich aufs Brot sehr lecker.

# MÖHREN-INGWERSUPPE

## MIT WENIGEN ZUTATEN SCHNELL GEMACHT

### ZUTATEN

| | |
|---|---|
| 1 | Zwiebel |
| 1–2 cm | frischer Ingwer |
| 1 EL | Rapsöl |
| 500 g | Möhren |
| 600 ml | Gemüsebrühe |
| 100 ml | Sahne |
| 4 EL | Orangensaft, frisch gepresst |
| | Salz, Pfeffer |

### VARIATION

Für die vegane Variante verfeinern Sie die Suppe mit der gleichen Menge Kokosmilch oder mit 2 EL Mandelmus.

1 Zwiebel in Würfel schneiden und Ingwer fein hacken. Beides in Rapsöl hell anschwitzen.

2 Möhren in grobe Stücke schneiden, kurz mit Zwiebel und Ingwer mitschmoren und Gemüsebrühe zugießen. Bei geschlossenem Deckel etwa 15 Minuten köcheln lassen, bis die Möhren gar sind.

3 Das Gemüse mit dem Pürierstab cremig pürieren und mit Sahne, Orangensaft, Salz und Pfeffer abschmecken.

Energie 180 kcal · Fett 13 g · Kohlenhydrate 11 g · Eiweiß 3 g · Ballaststoffe 5 g

# FENCHELSALAT in Curry-Bananendressing

## EXOTISCHE KREATION FÜR BESONDERE ANLÄSSE

### ZUTATEN

| | |
|---|---|
| 500 g | Fenchel |
| 200 g | Birnen |
| 2 TL | Currypulver |
| ¼ | Banane |
| 100 g | Joghurt |
| 2 EL | Rapsöl |
| 1–2 EL | Zitronensaft, frisch gepresst |
| 1 TL | Ingwer, frisch gerieben |
| | Salz, Pfeffer |

1 Fenchel vierteln, Strunk herausschneiden und Viertel quer in dünne Streifen schneiden. Fenchelgrün in feine Streifen schneiden.

2 Birnen ebenfalls vierteln, entkernen und quer in dünne Scheiben schneiden.

3 Für das Dressing Currypulver in einem Topf leicht anrösten. Banane in einer Schüssel zerdrücken und mit Joghurt, Öl und Zitronensaft verrühren. Currypulver zugeben und mit Ingwer, Salz und Pfeffer abschmecken.

4 Das Dressing unter Fenchel und Birnen mischen, mit Fenchelgrün bestreut servieren.

Energie 120 kcal · Fett 6 g · Kohlenhydrate 12 g · Eiweiß 3 g · Ballaststoffe 4 g

### TIPP

Wenn Sie Currypulver anrösten, entfaltet es ein intensives Aroma und vermischt sich besser mit den anderen Zutaten.

# Blattsalate

## AUF DEM MARKT

Sie sind grün, gelb oder rot, glatt, gezahnt oder gekräuselt – das Angebot an Blattgemüse, das sich als Salat eignet, ist so vielseitig wie bei keiner anderen Gemüsegruppe.
Kenner bevorzugen Freilandsalate. Blattsalate haben im Prinzip das ganze Jahr über Saison. Frisch vom Feld kommen sie hierzulande von April bis November in die Läden. Während im Frühjahr und Sommer helle und rötliche Sorten wie Kopfsalat, Batavia und Lollo rosso dominieren, bestimmen im Winter kälterobuste Sorten wie Endivien- und Feldsalat und Portulak das Angebot. Radicchio, Feldsalat und die kleinen Portulakblättchen können sogar noch bei leichtem Frost geerntet werden. Ein echtes Wintergemüse ist der Chicorée, die gelben Triebe werden im Dunkeln aus den im Herbst geernteten Wurzeln gezogen.

## FÜR DEN KÖRPER

Da Blattsalate kaum Kalorien enthalten, sind sie ideal für alle Figurbewussten. Ein Dressing aus naturbelassenen Pflanzenölen ergänzt die Nährstoffe der grünen Blätter auf ideale Weise.

Je nach Sorte und Jahreszeit sind mehr oder weniger sekundäre Pflanzenstoffe im Salat enthalten. Auch das Vitamin Folat, das in unserer Ernährung oft zu kurz kommt, sowie Kalium und Ballaststoffe stecken in den grünen Blättern.

## DAS GANZE JAHR: BLATTSALATE

### Frühjahr–Sommer

**Batavia:** geschlossener Kopf mit leicht gekrausten, grün bis rötlichen Blättern
**Eissalat:** Fest geschlossener Kopf mit knackigen Blättern
**Eichblattsalat:** lockerer Kopf mit zarten, braunrötlichen Blättern, die an Eichenlaub erinnern
**Kopfsalat:** runder Kopf mit zarten, grün-gelben Blättern
**Lollo rosso oder biondo:** gekrauster, fester Salattyp, der in Grün und Rot zu haben ist

### Herbst–Winter

**Endivie:** dichter Kopf mit leicht gezackten, grün bis gelben Blättern
**Feldsalat:** einzelne Rosetten oder Blätter – klein, rund und dunkelgrün
**Portulak:** knackige, kleine, dunkelgrüne Blättchen mit Stengel
**Zuckerhut:** langer spitzer Kopf mit kräftigen, grünen Blättern
**Radicchio:** kleine, feste Köpfe mit weinroten Blättern und weißen Blattadern

## IN DER KÜCHE

Das erfrischende Grün ist von unserem Speiseplan als Vorspeise, Beilage oder als großer Salatteller nicht wegzudenken. Nur wenige wissen, dass das Blattgemüse auch gekocht eine Delikatesse ist. Kleine feste Köpfe wie beispielsweise von Romanasalat oder Chicoréestauden lassen sich wunderbar in der Pfanne schmoren. Kopf- oder Endiviensalat werden traditionell auch zu Suppe verarbeitet.

Da das zarte Gemüse relativ empfindlich ist, sollte es bald nach dem Kauf verzehrt werden. In ein feuchtes Tuch gewickelt oder eine Plastikdose gepackt, hält sich Blattsalat im Gemüsefach des Kühlschranks einige Tage frisch.

## STECKBRIEF

*Botanischer Name:* Chicorium endivia (Endiviensalat), Chicorium intybus (Radicchio, Zuckerhut), Portulaca oleracea (Portulak), Valerianelle locusta (Feldsalat).
*Angebot:* Kopfsalat, Eissalat, Batavia, Eichblatt, Lollo rosso und biondo, Radicchio, Rucola, Chicorée, Endivie, Feldsalat
*Wichtigste Inhaltsstoffe:* Mineralien, Ballaststoffe, sekundäre Pflanzenstoffe wie Chlorophyll

## ZUBEREITUNG

Am leckersten als Salat; feste Köpfe von Radicchio, Romana und Chicorée sind aber auch geschmort ein Genuss.

Lollo rosso
Kopfsalat
Feldsalat
Portulak
Grüner Eichblattsalat
Bataviasalat
Radicchio
Roter Kopfsalat
Chinakohl
Chicoree

# SPITZKOHLSALAT mit Feta

## KLASSIKER MAL ANDERS – AROMATISCH UND PIKANT

### ZUTATEN

| | |
|---|---|
| 350 g | Spitzkohl |
| 100 g | Feta |
| 100 g | Möhren |
| 1 | Frühlingszwiebel |
| 12 | schwarze Oliven |
| 2–3 EL | Kräuteressig |
| 3 EL | Olivenöl |
| | Salz, Pfeffer |

1 Spitzkohl halbieren und Strunk herausschneiden. Kohl in feine Streifen schneiden und mit der Hand etwas weich kneten.

2 Feta würfeln, Möhren grob raspeln und Frühlingszwiebel in dünne Scheiben schneiden.

3 Für die Soße Kräuteressig mit Olivenöl, Salz und Pfeffer verrühren.

4 Feta, Möhren und Frühlingszwiebeln unter den Kohl heben und mit der Soße vermischen. Mit Oliven garniert servieren.

Energie 185 kcal · Fett 15 g · Kohlenhydrate 5 g · Eiweiß 6 g · Ballaststoffe 4 g

# ZUCCHINI-KOHLRABISALAT mit Kresse

## FRECHE VARIANTE FÜR KLASSISCHES GEMÜSES

### ZUTATEN

| | |
|---|---|
| 2 EL | Schmand oder saure Sahne |
| 2 EL | Joghurt |
| 1 EL | Lein- oder Rapsöl |
| 2–3 EL | Balsamico bianco |
| 1 TL | Senf |
| 1 kleine | Knoblauchzehe |
| 200 g | Zucchini |
| 200 g | Kohlrabi |
| ½ Beet | Kresse |
| | Salz, Pfeffer |

1 Für das Dressing Schmand bzw. saure Sahne mit Joghurt, Öl, Balsamico bianco und Senf verrühren. Mit zerdrücktem Knoblauch, Salz und Pfeffer würzen.

2 Zucchini waschen und Kohlrabi schälen. Beides grob in die Soße raspeln.

3 Kresse vom Beet schneiden und unter den Salat mischen.

Energie 60 kcal · Fett 4 g · Kohlenhydrate 3 g · Eiweiß 2 g · Ballaststoffe 1 g

# HIMBEER-MELISSENESSIG

GESCHENK AUS DER KÜCHE

**4 FLASCHEN À 250 ML**

**ZUTATEN**

| | |
|---|---|
| 750 ml | Weißweinessig |
| 4 EL | Apfel- oder Agavendicksaft |
| 1 TL | getrocknete rosa Pfefferkörner |
| 1 | Handvoll kleine Zitronenmelisseblätter |
| 50 g | Himbeeren |

**VARIATION**

Statt Zitronenmelisse machen sich auch frische Basilikumblätter in dem Essig sehr gut.

1 Essig mit Apfel- oder Agavendicksaft verrühren.

2 Pfefferkörner, Melisseblätter und Himbeeren in eine schöne, gut verschließbare Glasflasche geben.

3 Essig darübergießen und Flasche verschließen.

**Pro EL (10 g): Energie 15 kcal · Fett 0 g · Kohlenhydrate 3 g · Eiweiß 0 g · Ballaststoffe 0 g**

**TIPP** Der Essig ist ab sofort einsetzbar, schmeckt jedoch besser, wenn er einige Tage durchziehen konnte. Wenn die Himbeeren und Kräuter mit Essig bedeckt sind, ist er so lange haltbar wie anderer Essig auch.

# RIESENBOHNEN mit Tomaten

IDEAL FÜR DIE GRILLPARTY – LÄSST SICH GUT VORBEREITEN

**Einweichzeit: 6–12 Stunden**

## ZUTATEN

| | |
|---|---|
| 200 g | weiße Riesenbohnen, getrocknet |
| 700 ml | Wasser |
| 3 EL | Olivenöl |
| 3 EL | dunkler Balsamico |
| 1 | Knoblauchzehe |
| 300 g | Tomaten |
| 1 kleine | Zwiebel |
| ½ Bund | glatte Petersilie |
| | Salz, Pfeffer |

1 Getrocknete Bohnen 6–12 Stunden in Wasser einweichen. Anschließend mit dem Einweichwasser aufkochen und bei geringer Hitze ca. 50 Minuten kochen und anschließend 20 Minuten ausquellen lassen.

2 Für die Soße Olivenöl mit Balsamico verrühren und mit Salz und Pfeffer abschmecken. Knoblauchzehe fein hacken und zu der Soße geben.

3 Tomaten in größere und Zwiebel in feine Würfel schneiden. Petersilie fein hacken.

4 Alles mit den Bohnen und der Salatsoße vermischen und nochmals abschmecken.

**Energie 220 kcal · Fett 9 g · Kohlenhydrate 20 g · Eiweiß 11 g · Ballaststoffe 13 g**

# ZUCCHINIRÖLLCHEN auf Tomatenscheiben

RAFFINIERTE KREATION

## ZUTATEN

| | |
|---|---|
| 600 g | Zucchini, möglichst dicke |
| 2 EL | Olivenöl |
| 150 g | Feta |
| 50 g | Magerquark |
| 1 Bund | Basilikum |
| 500 g | Tomaten |
| | Kräutersalz, Paprikapulver, Pfeffer, Salz |

1 Zucchini waschen und der Länge nach in dünne Scheiben schneiden. Zucchini in der Pfanne in Olivenöl von beiden Seiten leicht anbraten, bis sie gerade weich sind. Zucchinischeiben abkühlen lassen.

2 Für die Füllung Feta reiben oder mit der Gabel zerdrücken und mit Magerquark und fein gehacktem Basilikum vermischen. Mit Kräutersalz, Paprikapulver und Pfeffer abschmecken.

3 Tomaten waschen und in dicke Scheiben schneiden. In eine flache, gefettete Auflaufform legen und etwas salzen und pfeffern.

4 Zucchinistreifen je mit etwas Füllung bestreichen, aufrollen und mit 1–2 Zahnstochern feststecken. Röllchen auf die Tomaten setzen und im vorgeheizten Backofen bei 180 °C etwa 20 Minuten backen.

**Energie 215 kcal · Fett 15 g · Kohlenhydrate 7 g · Eiweiß 12 g · Ballaststoffe 3 g**

# BROKKOLIGRATIN mit Blauschimmelkäse

## KRÄFTIGER GESCHMACK FÜR ZARTEN KOHL

### ZUTATEN

| | |
|---|---|
| 600 g | Brokkoli |
| 4 | Frühlingszwiebeln |
| 2 EL | Rapsöl |
| 4–6 Zweige | Thymian, Oregano oder Estragon |
| 150 g | saure Sahne |
| 150 ml | Milch (3,5 %) |
| 1 | Ei |
| 150 g | weicher Blauschimmelkäse |
| | Salz, Pfeffer, Muskatnuss |

### VARIATION

Statt mit Brokkoli gelingt das Gratin auch mit Blumenkohl oder Zucchini sehr gut.

1 Brokkoli in mundgerechte Röschen zerteilen. Strunk schälen und in Stifte schneiden.

2 Frühlingszwiebeln in lange Stücke schneiden.

3 Frühlingszwiebeln in einer großen Pfanne in Rapsöl kurz andünsten. Brokkoliröschen dazugeben, salzen und bei geschlossenem Deckel etwa 10 Minuten dünsten. Anschließend ganze Kräuterzweige dazugeben.

4 Saure Sahne mit Milch, Ei und Blauschimmelkäse verrühren und mit Salz, Pfeffer und Muskatnuss würzen.

5 Gemüse mit Kräutern in eine flache Auflaufform geben, Sahnesoße darübergießen und im vorgeheizten Backofen bei 180 °C ca. 20 Minuten backen, bis der Guss stockt.

Dazu schmecken Kartoffeln oder Reis lecker.

Energie 310 kcal · Fett 23 g · Kohlenhydrate 9 g · Eiweiß 16 g · Ballaststoffe 4 g

### TIPP

Wer eine andere Geschmacksrichtung wünscht, verwendet statt Blauschimmelkäse einen milden Camembert, würzt zusätzlich mit Knoblauch und streut Pinienkerne oder Mandelblättchen auf das Gratin.

# MAISGRIESSNOCKEN auf Paprika-Tomatenragout

## LEICHTES SOMMERGERICHT MIT HERRLICHEM AROMA

### FÜR DIE MAISGRIESS-NOCKEN

| | |
|---|---|
| 200 g | Maisgrieß (Polenta) |
| 600 ml | Gemüsebrühe |
| 1 TL | Majoran oder Thymian, getrocknet |
| 2 | Eier |
| | Salz, Pfeffer, Muskatnuss |

### FÜR DAS PAPRIKA-TOMATENRAGOUT

| | |
|---|---|
| 1 große | Zwiebel |
| 2 EL | Olivenöl |
| je 1 | rote und grüne Paprikaschote (à 200 g) |
| 500 g | Tomaten |
| 2 EL | Tomatenmark |
| je 1 TL | Thymian und Basilikum, gehackt |
| 1 EL | Apfeldicksaft |
| 40 g | Parmesan, gerieben |
| | Salz, Paprikapulver, Cayennepfeffer |

### MAISGRIESSNOCKEN

Maisgrieß mit Majoran in Gemüsebrühe aufkochen und 20 Minuten bei geringer Hitze quellen lassen. Mit Salz, Pfeffer und Muskatnuss abschmecken. Eier unterrühren und erkalten lassen.

### PAPRIKA-TOMATEN-RAGOUT

1 Zwiebel grob würfeln und in Olivenöl andünsten.

2 Paprikaschoten und Tomaten in grobe Würfel schneiden. Erst Paprika, dann Tomaten zu den Zwiebelwürfeln geben, salzen und bei geschlossenem Deckel 10 Minuten schmoren lassen. Tomatenmark unterrühren und mit etwas Wasser ablöschen.

3 Ragout mit Kräutern, Salz, Paprikapulver, Cayennepfeffer und Apfeldicksaft abschmecken.

4 Ragout in eine Auflaufform geben. Aus der Maisgrießmasse mit zwei nassen Esslöffeln Nocken abstechen und auf das Gemüse setzen. Mit Parmesan bestreuen und im vorgeheizten Backofen bei 200 °C 20 Minuten backen.

Energie 380 kcal · Fett 14 g · Kohlenhydrate 48 g · Eiweiß 14 g · Ballaststoffe 7 g

**TIPP** Polenta gibt es in verschiedenen Feinheitsgraden, die alle eine etwas unterschiedliche Garzeit haben. Die Nocken gelingen mit mittel- bis grob geschrotetem Maisgrieß besonders gut.

# COUSCOUS mit geschmorten Zucchini und Minzjoghurt

## EIN HAUCH VON ORIENT

### FÜR DEN COUSCOUS

| | |
|---|---|
| 250 ml | Wasser |
| 2 Msp. | Salz |
| 150 g | Couscous |
| 700 g | Zucchini |
| 2 | Knoblauchzehen |
| 2 EL | Olivenöl |
| | Salz, Pfeffer |

### FÜR DEN MINZJOGHURT

| | |
|---|---|
| 200 g | Joghurt |
| 200 g | saure Sahne |
| 1 TL | Balsamico bianco |
| ½ Bund | frische Pfefferminze |
| | Salz, Pfeffer |

### COUSCOUS

1 Wasser mit Salz aufkochen, Couscous einrühren und auf der ausgeschalteten Herdplatte ca. 15 Minuten quellen lassen. Vor dem Servieren mit einer Gabel lockern.

2 Zucchini in schräge Scheiben schneiden, Knoblauchzehen schälen und ebenfalls in Scheiben schneiden. Beides in einer großen Pfanne in Olivenöl andünsten und etwa 10 Minuten kräftig schmoren. Mit Salz und Pfeffer abschmecken.

### MINZJOGHURT

1 Joghurt und saure Sahne verrühren und mit Essig, Salz und Pfeffer abschmecken. Kurz vor dem Servieren gehackte Pfefferminze zugeben.

2 Couscous mit geschmorten Zucchini und Minzjoghurt servieren.

Energie 295 kcal · Fett 13 g · Kohlenhydrate 33 g · Eiweiß 11 g · Ballaststoffe 4 g

**INFO** Falls Sie keine frische Pfefferminze bekommen, können Sie auch 2–3 EL getrocknete Minze nehmen und diese mit der Hand zerbröseln.

# Grüne BOHNEN-GRÜNKERNPFANNE

## SCHMACKHAFTER ENERGIESPENDER

**ZUTATEN**

| | |
|---|---|
| 180 g | Grünkern |
| 350 ml | Wasser |
| 750 g | grüne Bohnen, am besten Stangenbohnen |
| 1 | Zwiebel |
| 2 | Knoblauchzehen |
| 2 EL | Olivenöl |
| 1–2 TL | Thymian, getrocknet |
| 3 EL | Weißwein oder Wasser |
| 150 g | Räuchertofu |
| | Salz, Paprikapulver, Pfeffer |

1 Grünkern in Wasser aufkochen und auf kleiner Flamme etwa 30 Minuten köcheln lassen, bis er weich ist.

2 Grüne Bohnen putzen und in 4–5 cm lange Stücke schneiden.

3 Zwiebel würfeln und Knoblauchzehen in Scheiben schneiden, beides in einer großen Pfanne in Olivenöl andünsten. Bohnen dazugeben, mit Salz und Thymian würzen, etwas Weißwein oder Wasser zugießen und 20–25 Minuten bei geschlossenem Deckel schmoren.

4 Gegarten Grünkern zu den Bohnen geben und mit Salz, Paprikapulver und Pfeffer abschmecken.

5 Räuchertofu in kleine Würfel schneiden, in etwas Olivenöl anbraten und über die Bohnenpfanne streuen.

Energie 325 kcal · Fett 10 g · Kohlenhydrate 40 g · Eiweiß 17 g · Ballaststoffe 9 g

### TIPP

Statt mit Räuchertofu schmeckt das Gericht auch mit zerbröseltem Feta lecker, der zum Schluss einfach über das Gericht gestreut wird.

Kamut
Buchweizen
Hafer
Hirse
Dinkel
Gerste
Weizen
Roggen
Mais

# Getreide

## AUF DEM MARKT

Die vielen unterschiedlichen Arten sind etwas für Entdeckernaturen. Neben den rundlichen braunen Weizenkörnern und den länglichen weißen Reiskörnern umfasst die große Familie der Süßgräser auch Roggen, Hafer, Gerste, Mais und Hirse sowie die mit Weizen verwandten Dinkel, Einkorn, Emmer und Kamut. Wegen ihrer Ähnlichkeit mit Getreide werden die Samen von Buchweizen, Amaranth und Quinoa oft als Getreide angesehen, was aber nicht richtig ist, sie gehören anderen Familien an. Als eine besondere Köstlichkeit lockt der rauchig aromatische Grünkern, der aus gedarrtem Dinkel gewonnen wird. In Naturkostläden finden Sie eine reiche Auswahl an ganzen Körnern, Mehl, Flocken und Schrot. Legendär ist ihre Haltbarkeit. Archäologen haben sogar ein über tausend Jahre altes Maiskorn aus Peru noch zum Sprießen gebracht.

## GARZEITEN VON GETREIDE

Durch das Einweichen in Wasser verkürzt sich die Garzeit der Körner um 10–20 Minuten.

| Getreide (ganzes Korn) | Kochzeit in Minuten |
|---|---|
| Amaranth | 15–20 |
| Buchweizen | 20 |
| Dinkel | 40–50 |
| Gerste | 40–50 |
| Grünkern | 30–40 |
| Hafer | 30–40 |
| Hirse | 20–30 |
| Roggen | 40–50 |
| Quinoa | 15–20 |
| Vollkornreis | 30 |
| Weizen | 40–50 |

## FÜR DEN KÖRPER

Getreide liefert vor allem Kohlenhydrate. Wer auch die Randschichten und den Keimling nutzt, profitiert darüber hinaus von Eiweiß, Fett, Ballaststoffen, Vitaminen und Mineralstoffen, die in den vollen Körnern stecken. Besonders positiv: Wissenschaftliche Studien haben gezeigt, dass sich Vollkorn günstig auf den Blutdruck, das Risiko für Herzinfarkt und Diabetes Typ 2 sowie einige Krebserkrankungen auswirkt.

## IN DER KÜCHE

Als ganzes Korn gekocht eignen sich neben Reis auch Hirse, Hafer, Quinoa und Grünkern als nahrhafte Beilage oder Basis für Getreidepfannen. Bleiben Reste übrig, lässt sich aus den gegarten Körnern mit Tomaten, Gurken und Zwiebeln ruckzuck ein pikanter Salat auf den Tisch zaubern. Schneller gart Getreide, wenn es zuvor grob oder fein geschrotet wird. Köstlich ist beispielsweise Maisgrieß für eine goldgelbe Polenta, Grünkernschrot als würzige Bratlingsmasse und die aus Weizenschrot hergestellten Bulgur und Couscous. Schrot von Roggen oder Gerste bildet eine stabile Grundlage für Aufläufe, Aufstriche und Füllungen. Zum Backen eignet sich vor allem das fein vermahlene Mehl von kleberhaltigen Weizen, Dinkel oder Kamut hervorragend. Geflockt finden sich Hafer, Gerste, Weizen und Dinkel in Müsli, Gebäck und Brotaufstrichen.

## STECKBRIEF

*Botanischer Name:* Poaceae
*Angebot:* Weizen, Roggen, Hafer, Gerste, Mais, Reis, Hirse sowie als Verwandte auch Dinkel, Einkorn, Emmer und Kamut
*Pesudogetreide:* Buchweizen, Amaranth und Quinoa
*Wichtigste Inhaltsstoffe:* Kohlenhydrate, Ballaststoffe, Eisen, Magnesium, Zink, B-Vitamine, sekundäre Pflanzenstoffe

## ZUBEREITUNG

Geschrotet und eingeweicht, gekeimt, geflockt und gekocht als Korn, Schrot und Mehl

# GRÜNE BOHNEN in Kokos-Zitronensoße mit Basmatireis

## EXOTISCH-SCHARF UND HIMMLISCH DUFTEND

### ZUTATEN FÜR DEN REIS

| | |
|---|---|
| 200 g | Basmatireis |
| 400 ml | Wasser |
| 2 | Gewürznelken |
| 2 | Pimentsamen |

### FÜR DIE BOHNEN

| | |
|---|---|
| 600 g | Buschbohnen, geputzt |
| 1 | Zwiebel |
| 1 | Knoblauchzehe |
| 1 EL | Rapsöl |
| 1 Stengel | Zitronengras |
| 1 TL | in Streifen geschnittene Bio-Zitronenschale |
| 200 ml | Kokosmilch |
| 1–2 EL | Zitronensaft, frisch gepresst |
| | Salz, scharfes Currypulver oder Currypaste |

### REIS

Basmatireis mit Nelken und Piment in Wasser aufkochen und bei kleiner Hitze ca. 30 Minuten garen.

### BOHNEN

1 Für das Bohnengemüse grüne Bohnen in 3–4 cm lange Stücke schneiden.

2 Zwiebel und Knoblauch würfeln und in Rapsöl hell andünsten. Bohnen dazugeben, salzen und etwas Wasser zugießen. Bei geschlossenem Deckel etwa 15 Minuten köcheln lassen, bis die Bohnen gar sind.

3 Zitronengras in dünne Streifen schneiden und mit der Kokosmilch zu den Bohnen geben. Mit Salz und Currypulver oder -paste würzen und ohne Deckel etwas einkochen lassen.

4 Vor dem Servieren mit Zitronensaft abschmecken und zu dem Basmatireis servieren.

Energie 255 kcal · Fett 3 g · Kohlenhydrate 48 g · Eiweiß 8 g · Ballaststoffe 4 g

### TIPP

Reste von Kokosmilch lassen sich prima einfrieren.

# ROSMARINKARTOFFELN mit Paprikacreme

## OFENGERICHT, DAS AUCH AN WARMEN TAGEN SCHMECKT

### FÜR DIE ROSMARIN-KARTOFFELN

| | |
|---|---|
| 1,5 kg | kleine Frühkartoffeln |
| 2 EL | Olivenöl |
| 2 TL | Rosmarinnadeln, frisch oder getrocknet |
| | Salz |

### FÜR DIE PAPRIKACREME

| | |
|---|---|
| 2 | rote Spitzpaprikaschoten |
| 150 g | Quark |
| 120 g | Feta |
| 150 g | Joghurt |
| 1–2 TL | Zitronensaft, frisch gepresst |
| 1 TL | Paprikapulver |
| ½ Bund | Basilikum |
| | Kräutersalz, Pfeffer |

### ROSMARIN-KARTOFFELN

1 Kartoffeln gut säubern. Größere Kartoffeln mit Schale halbieren, kleinere ganz lassen und in einer Schüssel mit Olivenöl, Rosmarin und Salz vermischen.

2 Kartoffeln aufs Backblech legen und bei 200 °C 35–45 Minuten backen, bis sie gar sind. Zwischendurch einmal wenden.

### PAPRIKACREME

1 Die ganzen Paprikaschoten etwa 15 Minuten zu den Kartoffeln in den Backofen legen. Anschließend Kerngehäuse entfernen und das Fruchtfleisch mit Schale und etwas Joghurt fein pürieren.

2 Quark, Feta und restlichen Joghurt cremig pürieren, Paprikacreme dazugeben und mit Zitronensaft, Paprikapulver, Kräutersalz, Pfeffer und fein gehackten Basilikumblättern abschmecken.

3 Paprikacreme mit einigen Basilikumblättchen garnieren und zu den Rosmarinkartoffeln servieren.

Energie 475 kcal · Fett 15 g · Kohlenhydrate 64 g · Eiweiß 19 g · Ballaststoffe 6 g

# FENCHELRAGOUT in Senfsoße

## SCHMECKT AUCH, WENN MAN KEIN FENCHELFAN IST

### ZUTATEN

| | |
|---|---|
| 400 g | Fenchel |
| 150 g | Möhren |
| 1 EL | Rapsöl |
| 150 ml | Sahne |
| 150 ml | Milch (3,5 %) |
| 2 EL | grobkörniger Senf |
| 1 Msp. | Kurkuma, gemahlen |
| 2 EL | Dill, fein gehackt |
| | Salz, Pfeffer |

1 Fenchel vierteln, Strunk entfernen und Fenchel quer in feine Streifen schneiden.

2 Möhren schälen und in schräge Scheiben schneiden.

3 Rapsöl in einer Pfanne erhitzen. Möhren darin anschmoren und nach ca. 5 Minuten Fenchel dazugeben. Salzen und bei geschlossenem Deckel und geringer Hitze ca. 10 Minuten garen.

4 Sahne und Milch mit Senf und Kurkuma verrühren. Mit Salz und Pfeffer abschmecken und gehackten Dill untermischen.

5 Gemüse in eine Auflaufform füllen und die Senfsoße darübergießen. Im vorgeheizten Backofen bei 180 °C 20 Minuten backen.

Dazu schmecken Pellkartoffeln lecker.

Energie 195 kcal · Fett 16 g · Kohlenhydrate 8 g · Eiweiß 4 g · Ballaststoffe 3 g

### TIPP

Wenn es mal schneller gehen muss, können Sie das ganze Gericht auch komplett in der Pfanne zubereiten. Die Senfsoße dann mit dem Gemüse kurz aufkochen lassen.

# NUDEL-KRAUTPFANNE

## EINFACH UND GUT – AUCH BEI KINDERN SEHR BELIEBT

### ZUTATEN

| | |
|---|---|
| 1 | Gemüsezwiebel |
| 1 EL | Rapsöl |
| 1 | Spitzkohl (ca. 800 g) |
| 1 | rote Paprikaschote |
| 1 Msp. | Kümmel, gemahlen |
| 300 g | Nudeln (Penne oder Hörnchen) |
| 150 g | saure Sahne |
| | Salz, Pfeffer, Paprikapulver |

1 Zwiebel in Ringe, Spitzkohl und Paprikaschote in Streifen schneiden

2 Zwiebelringe und Kümmel in einer großen Pfanne in Rapsöl kurz anschwitzen. Spitzkohl und Paprikastreifen zugeben, mit Salz und Paprikapulver würzen und bei geschlossenem Deckel in etwa 10 Minuten bissfest garen. Eventuell etwas Wasser zugießen.

3 Nudeln in reichlich Salzwasser kochen und abgießen.

4 Saure Sahne und gekochte Nudeln unter den Kohl mischen und mit Salz und Pfeffer abschmecken.

Energie 375 kcal · Fett 8 g · Kohlenhydrate 60 g · Eiweiß 14 g · Ballaststoffe 9 g

### TIPP

Spitzkohl ist schön zart und wird sehr schnell gar. Normales Weißkraut tut es aber selbstverständlich auch.

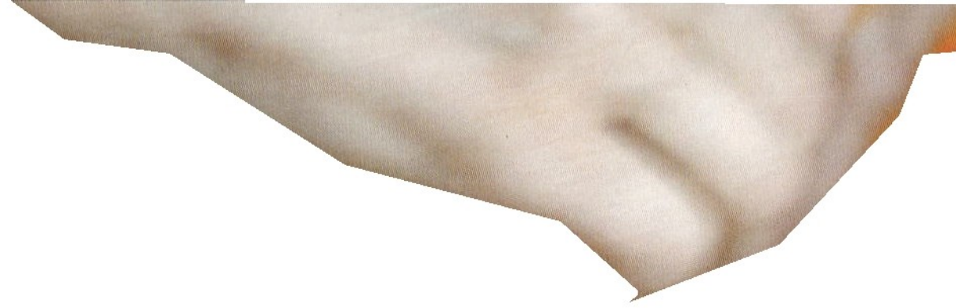

# MÖHRENQUICHE

## SCHMECKT AUCH KALT – IDEAL FÜRS PICKNICK

**Ergibt 12 Stücke**

### FÜR DEN TEIG

| | |
|---|---|
| 150 g | Dinkel- oder Weizenvollkornmehl |
| 100 g | Mandeln, fein gemahlen |
| 2 Msp. | Salz |
| 100 g | kalte Butter |
| 1 kleines | Ei |
| | Wasser |

### FÜR DEN BELAG

| | |
|---|---|
| 600 g | junge Bundmöhren |
| 200 g | saure Sahne |
| 1 | Ei |
| 4 EL | Kräuter (z. B. Kerbel, Petersilie, Schnittlauch), frisch gehackt |
| | Kräutersalz, weißer Pfeffer |

### VARIATION

Statt Mandeln schmecken auch Haselnüsse oder Cashewkerne in dem Teig gut.

### TEIG

1 Für den Teig Vollkornmehl mit Mandeln und Salz vermischen. Butter in kleine Würfel schneiden und mit dem Ei zügig unter das Mehl kneten, bis ein geschmeidiger Teig entsteht. Falls er zu trocken ist, noch 1 EL kaltes Wasser zugeben.

2 Teig in einer gefetteten Quicheform ausrollen und einen kleinen Rand hochziehen. Den Teig in der Form ca. 30 Minuten kühl stellen.

### BELAG

1 In der Zwischenzeit Möhren unter Wasser gut abbürsten und mit Schale der Länge nach in Viertel teilen. Möhren in wenig Wasser bissfest dünsten.

2 Für den Guss saure Sahne mit Ei, Kräutersalz und Pfeffer verquirlen und die gehackten Kräuter untermischen oder zum Schluss die Kräuter im Ganzen auf der Quiche verteilen.

3 Möhren sternförmig auf dem Teig verteilen und mit dem Kräuterrahm begießen. Im vorgeheizten Backofen etwa 30 Minuten bei 180 °C backen.

Pro Stück: Energie 195 kcal · Fett 14 g · Kohlenhydrate 11 g · Eiweiß 5 g · Ballaststoffe 3 g

# Provenzalische REISPFANNE

## WIE EIN URLAUB IN FRANKREICH

**ZUTATEN**

| | |
|---|---|
| 300 g | roter Camarguereis |
| 600 ml | Wasser |
| 1 | Lorbeerblatt |
| 4 | Frühlingszwiebeln |
| 300 g | Zucchini |
| 1 | rote Paprikaschote oder Pastinake |
| 2 EL | Rapsöl |
| 1 TL | Paprikapulver |
| 100 ml | Rotwein oder Tomatensaft |
| 1 EL | Thymian und Salbei, frische Blätter |
| | Salz, Pfeffer |

1 Reis in Wasser mit Lorbeerblatt in 30 Minuten gar kochen. Anschließend Lorbeerblatt herausnehmen und Reis salzen.

2 Frühlingszwiebeln in schräge Ringe schneiden und Zucchini in etwa 1 cm dicke Scheiben schneiden. Paprikaschote in grobe Würfel bzw. Pastinake in dünne Scheiben schneiden.

3 Frühlingszwiebeln in Rapsöl wenige Minuten andünsten. Zucchini, Paprika bzw. Pastinake und Kräuter dazugeben, salzen und etwa 10 Minuten gar dünsten.

4 Gemüse mit Paprikapulver bestäuben und Reis untermischen. Mit Rotwein bzw. Tomatensaft ablöschen und einige Minuten durchziehen lassen.

5 Mit Salz und Pfeffer abschmecken.

Energie 345 kcal · Fett 6 g · Kohlenhydrate 64 g · Eiweiß 8 g · Ballaststoffe 4 g

**INFO** Reis ist weiß – von wegen. In dieser Reispfanne kommt roter Reis zum Einsatz, dessen Farbe noch durch Rotwein bzw. Tomatensaft verstärkt wird. Ein schöner Kontrast zu grünen Frühlingszwiebeln und Zucchini.

# NUDELAUFLAUF mit Tomaten und Fenchel

## NUDELN MAL GANZ ANDERS – EIN GESCHMACKSERLEBNIS

### ZUTATEN

| | |
|---|---|
| 300 g | Bandnudeln |
| 600 g | Fenchel |
| 400 g | Tomaten |
| 200 ml | Milch (3,5 %) |
| 100 ml | Sahne |
| 1 großes | Ei |
| 100 g | Mozzarella |
| | Kräutersalz, Pfeffer, Muskatnuss |

1 Die Nudeln in Salzwasser bissfest kochen.

2 Fenchel putzen, waschen und in Viertel oder Sechstel teilen. In wenig Wasser 10 Minuten bissfest dünsten.

3 Tomaten vierteln oder achteln.

4 Milch mit Sahne, 50 ml Fenchelbrühe und dem Ei verquirlen. Mit Kräutersalz, Pfeffer und Muskatnuss kräftig würzen.

5 Eine Auflaufform fetten, Bandnudeln hineingeben, Fenchel und Tomaten darüber verteilen und mit Kräutersalz würzen. Eiermilch über den Auflauf gießen und mit in Scheiben geschnittenem Mozzarella belegen.

6 Auflauf im Backofen bei 180 °C 25–30 Minuten überbacken.

Energie 500 kcal • Fett 18 g • Kohlenhydrate 63 g • Eiweiß 20 g • Ballaststoffe 8 g

### TIPP

Nudeln vom Vortag bekommen in diesem Auflauf eine zweite Chance, es müssen nicht unbedingt Bandnudeln sein.

# Tomaten

## AUF DEM MARKT

Ihren deutschen Namen verdanken die saftigen, runden Früchte den Azteken, sie nannten das Gemüse „tumatle". Als Christoph Kolumbus die ersten Pflanzen nach Europa brachte, hielt man die roten Früchte zunächst für giftig und verdächtigte sie, Liebeswahn zu entfachen. Ob die heutige Liebesbeziehung der Deutschen zu Tomaten wahnhaft ist, mag jeder selbst beurteilen. Pro Kopf werden hierzulande rund 14 Kilogramm pro Jahr verzehrt, damit zählen sie zu den meistgekauften Gemüsen. Besonders die ganz normalen runden und die kleinen Cocktailtomaten stehen hoch im Kurs. Wer bei Tomaten einmal neue Wege gehen möchte, sollte Ochsenherzen, grüne, violette oder gelbe Sorten probieren.

Viele Menschen schimpfen zwar über den wässrigen Einheitsgeschmack, kaufen die Früchte dennoch das ganze Jahr über. Wer wirklich schmackhafte Tomaten genießen möchte, mit milder Säure und feiner Süße, muss in den Sommermonaten nach ihnen Ausschau halten. Auf dem Markt, in Hofläden und in den Regalen der Supermärkte mit Bio-Angebot findet man durchaus noch Tomaten, die schmecken wie aus dem eigenen Garten.

## FÜR DEN KÖRPER

Der rote Tomatenfarbstoff Lykopin erfreut das Auge und unseren Stoffwechsel. In der Krebsabwehr spielt er als Radikalfänger eine Rolle und soll das Risiko für Herzinfarkt verringern. Da Lykopin in den Pflanzenzellen eingeschlossen ist, wird es durch Pürieren oder Kochen der Tomaten besser verfügbar. Ein Schuss Oliven- oder anderes Öl steht jedem Tomatengericht gut, da Fett die Aufnahme von Lykopin und anderen Carotinoiden verbessert. Die Tomatenschale sollte erhalten bleiben, denn darin stecken besonders viele gesundheitsfördernde Flavonoide.

## IN DER KÜCHE

Tomaten munden roh wie gekocht, getrocknet und zu Mark konzentriert. Ob im Salat, als Insalata Caprese, in der Suppe, als Soße, im Auflauf oder Gemüseragout – das farbenfrohe Gemüse ist ein echter Hingucker. Die einfachen runden Strauch- oder Buschtomaten sind besonders saftig und aromatisch, da sie viele Kerne und Fruchtsäure enthalten. Sie schmecken auf Brot, im Salat sowie als Suppen und Soßen. Dicke, pralle Fleischtomaten bieten viel Fruchtfleisch und weniger Säure und sind ideal zum Füllen, Überbacken oder für Gemüseragouts. Mit sattem Rot, reichlich Fruchtfleisch und wenig Kernen animieren die länglichen Flaschentomaten zum Reinbeißen. Sie lassen sich gut in Scheiben schneiden und machen in Salaten, mit Mozzarella oder auf der Pizza eine gute Figur. Einfach schön anzuschauen und auch zwischendurch zu essen sind die mundgerechten, kugelrunden oder eiförmigen Kirsch-, Cherry- oder Cocktailtomaten. Sie sind unverzichtbar für Gemüsespieße sowie zum Garnieren. Tomaten reifen übrigens nach. Es lohnt sich daher, unreife Früchte einige Tage liegen zu lassen – am besten bei Zimmertemperatur und gemeinsam mit Äpfeln. Kälte mögen Tomaten gar nicht, im Kühlschrank büßen sie an Aroma ein und verderben schneller.

## STECKBRIEF

*Botanischer Name:* Lycopersicum esculentum
*Angebot:* Runde, gerippte, flaschenförmige Tomaten, Fleischtomaten, Kirsch-, Cherry oder Cocktailtomaten, gelbe, violette und viele andere
*Wichtige Inhaltsstoffe:* Kalium, sekundäre Pflanzenstoffe wie Lykopin

## ZUBEREITUNG

Lecker als Salat, in der Soße, als Suppe und im Gemüseragout. Besonders hübsch als Farbtupfer und zur Garnierung.

Gelbe Cocktailtomate
Rote Dattel
Cocktailtomate
Fleischtomate
Schwarze Pflaume
Flaschentomate
Gestreifte grün-orange

# KARTOFFELSTAMPF mit dicken Bohnen und Kohlrabi-Möhrenstiften

## DEFTIGE HAUSMANNSKOST AUF LEICHTE ART

### ZUTATEN

| | |
|---|---|
| 700 g | Kartoffeln, vorwiegend festkochend |
| 200 g | gepalte dicke Bohnen, frisch |
| 400 g | Kohlrabi |
| 400 g | Bundmöhren |
| 4 EL | Lein- oder Olivenöl |
| ½ Bund | Petersilie |
| | Kräutersalz, Pfeffer, Salz |

### VARIATION

Wenn Sie keine frischen dicken Bohnen bekommen, schmeckt der Kartoffelstampf auch mit grünen Erbsen köstlich.

1 Kartoffeln mit Schale in Wasser gar kochen.

2 Bohnenkerne in etwas Salzwasser etwa 10 Minuten gar kochen.

3 Kohlrabi schälen und in fingerdicke Stifte schneiden, Möhren quer halbieren, der Länge nach vierteln und mit den Kohlrabi in wenig Wasser bissfest dünsten. Mit Salz und Pfeffer würzen.

4 Die heißen Kartoffeln pellen, gegarte Bohnen, Salz und Öl zugeben und mit einem Kartoffelstampfer grob zerdrücken.

5 Gemüsestifte mit gehackter Petersilie vermischen und mit dem Kartoffelstampf servieren.

Energie 295 kcal · Fett 11 g · Kohlenhydrate 38 g · Eiweiß 9 g · Ballaststoffe 8 g

### TIPP

Frische dicke Bohnen gibt es mitsamt der grünen Schale zu kaufen. Da die Schale recht dick ist, müssen Sie etwa 800 Gramm Bohnen kaufen, um 200 Gramm gepulte Samen herauszubekommen.

# Süße OFENSCHLUPFER mit Kirschen

## FÜR GROSSE UND KLEINE NASCHKATZEN

### ZUTATEN

| | |
|---|---|
| 4 | altbackene Brötchen oder ein altbackenes Baguette |
| 600–800 ml | Milch (3,5 %) |
| 2 EL | Honig |
| 2 | Eier |
| 250 g | Süßkirschen |
| 2 EL | Mandelblättchen |
| 1 EL | Zimt, gemahlen |

### VARIATION

Ist die Saison für Kirschen schon vorbei, schmeckt der Ofenschlupfer auch mit in Spalten geschnittenen Äpfeln oder Birnen prima.

1 Die altbackenen Brötchen oder das Baguette in etwa 2 cm dicke Scheiben schneiden.

2 Milch erhitzen und über die eingeweichten Brotscheiben gießen. Sie sollten so viel Milch zugeben, dass sich die Brotscheiben gut vollsaugen können. 20 Minuten quellen lassen.

3 Restliche Milch mit Honig und Eiern verquirlen.

4 Süßkirschen entsteinen.

5 Eingeweichte Brötchenscheiben mit Süßkirschen dachziegelartig in eine gefettete Auflaufform schichten. Alles mit der Eiermilch übergießen, mit Mandelblättchen bestreuen und mit Zimt bestäuben.

6 Im Backofen bei 180 °C ca. 30 Minuten garen.

Energie 340 kcal · Fett 11 g · Kohlenhydrate 45 g · Eiweiß 15 g · Ballaststoffe 3 g

### TIPP

Diese leckere Süßspeise ist ideal, um alte Brotreste zu verwerten.

Schmeckt auch sehr lecker mit Sauerkirschen!

# Sommermenü

HERRLICH FRISCH

## COUSCOUSSALAT mit MINZE

NUDELSALAT GANZ ANDERS

## Grüner NUDELSALAT mit EI

FEINER SNACK

## SCHALOTTEN-PILZSPIESSE

KRÄFTIG MEDITERRAN

## Eingelegtes GEMÜSE vom GRILL

AROMATISCHES ERLEBNIS

## TOMATENSALSA

SÜSS UND FRUCHTIG

## HONIG-QUARKEIS mit HIMBEEREN

HERRLICH FRISCH

# Couscoussalat mit Minze

**Einweichzeit: mindestens 1 Stunde**

## ZUTATEN

| | |
|---|---|
| 200 g | Couscous |
| 200 ml | Wasser |
| 1–2 | Bio-Zitronen, ausgepresst |
| 500 g | Tomaten |
| 2 | Schalotten |
| 1 Bund | glatte Petersilie |
| 1 Bund | Minze |
| 5 EL | Olivenöl |
| 50 g | schwarze Oliven in Öl |
| | Salz, Pfeffer |

1 Couscous mit kochendem Wasser und Zitronensaft übergießen und rund 10 Minuten quellen lassen. Mit einer Gabel vorsichtig lockern.

2 Tomaten in kleine Würfel schneiden und Schalotten fein hacken.

3 Petersilie und Minze hacken und mit dem Gemüse unter den gequollenen Couscous mengen.

4 Salat mit Olivenöl, Salz und Pfeffer würzen und eventuell noch etwas Zitronensaft zugeben.

5 Mit schwarzen Oliven garniert servieren.

**Energie 340 kcal · Fett 15 g · Kohlenhydrate 41 g · Eiweiß 9 g · Ballaststoffe 6 g**

### TIPP

Gut durchgezogen schmeckt der Salat besonders aromatisch.

NUDELSALAT GANZ ANDERS

# Grüner Nudelsalat mit Ei

## ZUTATEN

| | |
|---|---|
| 250 g | Nudeln (Penne oder Spirelli) |
| 100 g | gepulte dicke Bohnen oder Erbsen |
| 200 g | Schmand oder saure Sahne |
| 2 EL | Leinöl |
| 3–4 EL | Weißweinessig |
| 1 kleine | Salatgurke |
| 2 | Eier, hart gekocht |
| 2 kleine | Frühlingszwiebeln |
| | Salz, Kräutersalz, Pfeffer |

1 Nudeln in gesalzenem Wasser gar kochen, abgießen und abkühlen lassen.

2 Dicke Bohnen bzw. Erbsen in wenig Salzwasser ca. 10 Minuten garen. Kochwasser abgießen und aufbewahren.

3 Für die Soße Schmand bzw. saure Sahne mit Öl und Weißweinessig verrühren und mit Kräutersalz und Pfeffer würzen.

4 Nudeln und Bohnen bzw. Erbsen mit der Soße vermischen.

5 Gurke in Würfel schneiden, Eier pellen und ebenfalls würfeln. Frühlingszwiebeln in dünne Ringe schneiden. Alles zu den Nudeln geben.

6 Salat ein wenig durchziehen lassen und mit Essig, Salz und Pfeffer abschmecken. Wenn der Salat zu trocken ist, etwas Erbsenwasser zugeben.

**Energie 415 kcal · Fett 16 g · Kohlenhydrate 52 g · Eiweiß 15 g · Ballaststoffe 5 g**

FEINER SNACK

# Marinierte Schalotten-Pilzspieße

**Ziehzeit: mindestens 1 Stunde**

## FÜR DIE MARINADE

| | |
|---|---|
| 3 EL | Zitronensaft, frisch gepresst |
| 1 EL | Agavendicksaft |
| 3 EL | Olivenöl |
| | Rosmarin, Salbei, Thymian |
| | Salz, Pfeffer |

## FÜR DIE SCHALOTTEN-PILZSPIESSE

| | |
|---|---|
| 300 g | kleine braune Champignons |
| 300 g | kleine Schalotten |
| | Knoblauchzehen, nach Geschmack |
| 8 | Spieße |

## MARINADE

Zitronensaft mit Agavendicksaft verrühren, Öl zugeben und mit Salz, Pfeffer und frischen Kräutern würzen.

## SCHALOTTEN-PILZSPIESSE

1 Champignons säubern, eventuell den Stiel etwas kürzen. Schalotten schälen.

2 Schalotten und Champignons in der Marinade wenden und mindestens 1 Stunde in einem geschlossenen Gefäß ziehen lassen.

3 Schalotten und Champignons abwechselnd auf die Spieße stecken. Wer Knoblauch mag, kann auf jeden Spieß auch ganze, geschälte Knoblauchzehen stecken.

4 Auf dem Grill unter mehrfachem Wenden etwa 15 Minuten grillen, bis die Schalotten glasig werden.

Energie 120 kcal · Fett 8 g · Kohlenhydrate 7 g · Eiweiß 4 g · Ballaststoffe 2 g

TIPP Die Spieße lassen sich auch gut in der Pfanne schmoren. Die übrige Marinade können Sie dann dazugießen.

KRÄFTIG MEDITERRAN

# Eingelegtes Gemüse vom Grill

**Ziehzeit: ca. 4 Stunden**

### FÜR DIE MARINADE

| | |
|---|---|
| 4–5 EL | Olivenöl |
| 2 | Knoblauchzehen |
| 1 TL | Rosmarin, Thymian, Oregano |
| | Salz, Pfeffer |

### FÜR DAS GEMÜSE

| | |
|---|---|
| 1 große | Zucchini |
| 1 | Aubergine |
| 2 | Pastinaken |

### MARINADE

Olivenöl mit Salz, Pfeffer und Kräutern verrühren. Knoblauchzehen in Scheiben schneiden und zugeben.

### GEMÜSE

1 Zucchini und Aubergine der Länge nach in etwa 1 cm dicke Scheiben schneiden, Pastinaken schälen und ebenfalls der Länge nach in etwa 0,5 cm dicke Scheiben schneiden.

2 Das Gemüse in der Marinade wenden und einige Stunden durchziehen lassen.

3 Auf dem Grill von beiden Seiten etwa 10 Minuten grillen, bis das Gemüse gar ist.

Energie 315 kcal · Fett 13 g · Kohlenhydrate 40 g · Eiweiß 7 g · Ballaststoffe 9 g

AROMATISCH

# Tomatensalsa

### ZUTATEN

| | |
|---|---|
| 1 | Zwiebel |
| 1 | Knoblauchzehe |
| 1 | rote Chilischote, mittelscharf |
| 2 EL | Olivenöl |
| 1–2 | Aprikosen |
| 250 g | Tomaten |
| 1 Prise | Cuminsamen oder Kurkuma, gemahlen |
| 3 TL | Obstessig |
| 2 TL | Apfeldicksaft |
| | Salz |

1 Zwiebel und Knoblauch fein würfeln und Chilischote fein hacken. Alles in Olivenöl andünsten.

2 Aprikosen und Tomaten in kleine Würfel schneiden und mit Cuminsamen bzw. Kurkuma zu der Zwiebelmischung geben, einige Minuten bei offenem Deckel köcheln lassen.

3 Salsa mit Obstessig, Apfeldicksaft und Salz abschmecken.

4 Kalt servieren.

Energie 70 kcal · Fett 5 g · Kohlenhydrate 5 g · Eiweiß 1 g · Ballaststoffe 1 g

**TIPP** Tomatensalsa können Sie auch schon vor dem Grillen zubereiten. Die Salsa eignet sich auch gut als kleines Präsent aus der eigenen Küche.

SÜSS UND FRUCHTIG

# Honig-Quarkeis mit Himbeeren

## ZUTATEN

| | |
|---|---|
| 2 kleine | Bio-Zitronen |
| 250 g | Magerquark |
| 1 Prise | Vanille, gemahlen |
| 3 EL | heller, cremiger Honig |
| 150 ml | Sahne |
| 200 g | Himbeeren |

1 Schale von einer Zitrone abreiben und beide Zitronen auspressen.

2 Zitronenschale und -saft mit dem Quark gut verrühren. Mit Vanille und Honig abschmecken.

3 Sahne steif schlagen und unter den Quark heben.

4 Masse in eine Eismaschine geben und gefrieren. Wer kein Eisgerät hat, kann die Masse auch in ein Kunststoffgefäß füllen und unter gelegentlichem Rühren im Tiefkühlfach gefrieren. Das dauert etwa 4–6 Stunden.

5 Das fertige Eis mit Himbeeren garniert servieren.

Energie 200 kcal · Fett 12 g · Kohlenhydrate 12 g · Eiweiß 10 g · Ballaststoffe 2 g

# Herbst

# Cremige MARONENSUPPE mit Preiselbeeren

## EDLE VORSPEISE FÜR EIN HERBSTLICHES MENÜ

### ZUTATEN

| | |
|---|---|
| 2 | Schalotten |
| 100 g | Möhren |
| 50 g | Petersilienwurzeln |
| 1 | Kartoffel, mehligkochend |
| 1 EL | Rapsöl |
| 250 g | gekochte, geschälte Maronen |
| 1 Msp. | Rosmarinnadeln |
| 800 ml | Wasser |
| 100 ml | Sahne |
| 2–3 EL | Zitronensaft oder Weißwein |
| 4 EL | Preiselbeerkompott |
| | Salz, Pfeffer |

1 Schalotten, Möhren und Petersilienwurzeln schälen und fein würfeln. Kartoffel schälen und grob würfeln.

2 In Rapsöl erst Schalotten andünsten, dann Gemüse zugeben und kurz mitdünsten. Klein geschnittene Maronen sowie Rosmarin zugeben und mit Wasser aufgießen.

3 Salzen und bei kleiner Hitze etwa 10 Minuten köcheln lassen.

4 Suppe fein pürieren und mit Sahne, Zitronensaft bzw. Weißwein sowie Salz und Pfeffer abschmecken.

5 Mit je einem Esslöffel Preiselbeerkompott servieren.

**Energie 285 kcal · Fett 12 g · Kohlenhydrate 38 g · Eiweiß 4 g · Ballaststoffe 7 g**

### TIPP

Maronen lassen sich ganz einfach kochen. Die Schale kreuzweise einritzen und die Maronen entweder auf einem Backblech im Backofen bei 180 °C oder in kochendem Wasser etwa 20 Minuten garen. Anschließend die Schale abziehen.

# KÜRBISSUPPE mit karamellisierten Orangenstreifen

## DIE EINFACHE ART, EINEN KLASSIKER ZU VEREDELN

### ZUTATEN

| | |
|---|---|
| 500 g | Hokkaido-Kürbis |
| 1 große | Kartoffel |
| 1 EL | Rapsöl |
| 1 | Zwiebel |
| 700 ml | Wasser |
| 3 kleine | Bio-Orangen |
| 1 EL | Vollrohrzucker |
| 1 EL | Kürbiskernöl |
| | Salz, Pfeffer, Curry, Zimt |

1 Kürbis mit Schale in Stücke schneiden, Kerne entfernen. Kartoffel schälen und grob würfeln.

2 Zwiebel fein würfeln. Rapsöl in einem großen Topf erhitzen und Zwiebelwürfel darin andünsten.

3 Kürbis und Kartoffel zugeben, mit Curry und Salz bestreuen, kurz andünsten und mit Wasser aufgießen. Etwa 20 Minuten köcheln lassen, bis das Gemüse weich ist.

4 Von einer Orange mit dem Sparschäler oder Zestenreißer einige dünne Streifen abschneiden. Orangen auspressen.

5 Zucker in einer kleinen Pfanne schmelzen lassen, mit etwas Orangensaft ablöschen und Orangenschalen zugeben. Unter Rühren kurz karamellisieren lassen.

6 Restlichen Orangensaft zur Suppe geben und diese fein pürieren.

7 Suppe mit Salz, Pfeffer und Zimt abschmecken und mit karamellisierten Orangenstreifen sowie Kürbiskernöl verziert servieren.

Energie 135 kcal · Fett 5 g · Kohlenhydrate 19 g · Eiweiß 2 g · Ballaststoffe 3 g

# ROTE-BETESUPPE mit Crème fraîche

## AUGENSCHMAUS, RAFFINIERT UND LECKER

### ZUTATEN

| | |
|---|---|
| 400 g | Rote Bete |
| 100 g | Pastinake |
| 1 | Zwiebel |
| 1 EL | Rapsöl |
| 1 l | Wasser |
| 100 g | Crème fraîche |
| 2–4 EL | Weißwein oder Balsamico bianco |
| 2 EL | Petersilie, gehackt |
| | Kräutersalz, Pfeffer, Salz, Muskatnuss |

1 Rote Bete und Pastinake schälen und klein schneiden.

2 Zwiebel fein würfeln und in Rapsöl andünsten. Rote Bete und Pastinake hinzugeben, salzen und kurz anschmoren.

3 Wasser dazugießen. Ca. 20 Minuten köcheln lassen, bis das Gemüse gar ist.

4 Suppe mit dem Pürierstab fein pürieren und mit Kräutersalz, Pfeffer, Muskatnuss, zwei Drittel der Crème fraîche und Weißwein bzw. Balsamico bianco abschmecken.

5 Suppe mit je einem Klecks Crème fraîche und etwas gehackter Petersilie bestreut servieren.

Energie 145 kcal · Fett 9 g · Kohlenhydrate 13 g · Eiweiß 2 g · Ballaststoffe 2 g

# PFLAUMENMUS ohne Zucker

GESCHENK AUS DER KÜCHE

**FÜR CA. 6 GLÄSER**

**ZUTATEN**

| | |
|---|---|
| 3 kg | reife Zwetschen oder Pflaumen |
| 1 EL | Zimt, gemahlen |
| 1 EL | Sternanis, ganz |
| 2 | Nelken |

**TIPP** Dieses leckere Mus braucht seine Zeit, dafür kommt er ganz ohne Zucker aus, wenn die Zwetschen schön reif und süß sind.

1 Zwetschen bzw. Pflaumen halbieren und entkernen.

2 Früchte in einem weiten Topf mit den Gewürzen einmal aufkochen und bei kleinster Hitze gute 3 Stunden ohne Deckel köcheln lassen, bis die Masse etwa auf ein Drittel reduziert ist. Wenn Sie dabei nicht umrühren, brennt das Pflaumenmus nicht an.

3 Feste Gewürze entfernen und die Pflaumen mit dem Mixstab fein pürieren.

4 Die heiße Masse bis zum Rand in Gläser füllen und diese mit einem Twist-off-Deckel sofort verschließen. Gläser für einige Minuten auf den Kopf stellen.

5 Mus nach dem Öffnen im Kühlschrank aufbewahren.

Pro Glas: Energie 220 kcal · Fett 1 g · Kohlenhydrate 48 g · Eiweiß 3 g · Ballaststoffe 8 g

# ROTE-BETE-KARTOFFELSALAT

## UNGEWÖHNLICHE KOMBINATION VON ZWEI TOLLEN KNOLLEN

### ZUTATEN

| | |
|---|---|
| 700 g | Kartoffeln |
| 300 g | Rote Bete |
| 4 EL | heißes Wasser |
| 1 TL | Gemüsebrühwürze |
| 5 EL | Weinessig |
| 3–4 EL | Rapsöl |
| 1 TL | Senf |
| 1 | Knoblauchzehe |
| 1 | Zwiebel |
| 100 g | saure Gurken |
| ½ Bund | Petersilie oder Kresse |
| | Salz, Pfeffer |

1 Kartoffeln und Rote Bete mit Schale getrennt in etwas Wasser gar kochen.

2 Für die Soße heißes Wasser mit Gemüsebrühe verrühren und Essig, Öl, Senf sowie die zerdrückte Knoblauchzehe unterrühren. Zwiebel in feine Würfel schneiden und untermischen. Mit Salz und Pfeffer abschmecken.

3 Kartoffeln und Rote Bete pellen und der Länge nach in Achtel schneiden. Noch warm mit der Salatsoße vermischen.

4 Saure Gurken in Scheiben schneiden, Petersilie bzw. Kresse grob hacken und beides unter den Salat mischen.

5 Etwas durchziehen lassen und vor dem Servieren eventuell noch mit etwas Gurkenflüssigkeit und Gewürzen abschmecken.

Energie 230 kcal · Fett 10 g · Kohlenhydrate 29 g · Eiweiß 5 g · Ballaststoffe 4 g

**TIPP** Als Hauptmahlzeit schmeckt der Salat sehr lecker zu den Haferpuffern (S. 44) oder den Linsenpuffern (S. 156). Da er sich gut vorbereiten lässt, ist er auch ideales Mitbringsel zu einer Party.

# Rote Bete

## AUF DEM MARKT

Die Farbe ist einfach unbeschreiblich. Nicht einfach rot, sondern dunkelviolett bis purpur leuchten die runden Knollen im Gemüseregal – und das fast das ganze Jahr hindurch. Bei uns kommen im Juni die ersten frischen Knollen auf den Markt. Die Haupternte folgt dann im Oktober, die bis in das späte Frühjahr hinein eingelagert werden kann. Mittlerweile gibt es das preiswerte Gemüse auch fertig gegart und in Folie eingeschweißt zu kaufen.

## FÜR DEN KÖRPER

Rote Bete liefert eine vielseitige Mischung an Mineralstoffen und Vitaminen. Besonders viel Eisen, wie der Volksmund behauptet, enthält sie allerdings nicht. Die rote Farbe stammt vielmehr von dem Glykosid Betanin. Durch seine antioxidativen Eigenschaften kann es als Radikalfänger wirken. Da es stark wasserlöslich ist, wird es mit dem Urin ausgeschieden.

## IN DER KÜCHE

Der erdige Geschmack verliert sich beim Kochen etwas, statt dessen kommt die feine Süße stärker zur Geltung. Am aromatischsten bleiben die Rüben, wenn sie wie Pellkartoffeln unzerkleinert mit Schale gekocht werden. Anschließend lässt sich die Schale kinderleicht abziehen (Küchenhandschuhe benutzen) und das Fruchtfleisch zu Gemüse, Salaten und Brotaufstrichen verarbeiten. Köstlich als Vorspeise sind hauchdünn gehobelte Scheiben mit einem Kürbiskerndressing. Auch roh geraspelt mit Möhren, Rettich oder Äpfeln kombiniert sind sie beliebt. Die Säure der Früchte unterstützt den Geschmack der Rote Bete hervorragend.

## STECKBRIEF

*Botanischer Name:* Beta vulgaris
*Angebot:* rund oder länglich, rot, weiß oder gestreift
*Wichtigste Inhaltsstoffe:* Kalium, Ballaststoffe, sekundäre Pflanzenstoffe wie Betanin

## ZUBEREITUNG

Roh oder gekocht als Salat, als Gemüse, Suppe und Eintopf.

Für norddeutschen Labskaus und russischen Borschtsch ist die rote Bete ebenfalls unentbehrlich. Rote-Beterezepte finden Sie hier auf den Seiten 46, 102 und 104.

# PASTINAKENSALAT mit Erdnusssoße

## TRADITIONELLES GEMÜSE, UNGEWÖHNLICH KOMBINIERT

### FÜR DIE ERDNUSSSOSSE

| | |
|---|---|
| 100 g | Joghurt |
| 2 EL | Rapsöl |
| 3 TL | Erdnussmus |
| 2–3 EL | Zitronensaft, frisch gepresst |
| | Salz, Pfeffer |

### FÜR DEN PASTINAKENSALAT

| | |
|---|---|
| 2 EL | Erdnusskerne |
| 100 g | Feldsalat |
| 300 g | Pastinaken |
| 150 g | Möhren |

### ERDNUSSSOSSE

Joghurt mit Rapsöl, Erdnussmus und Zitronensaft gut verrühren und mit Salz und Pfeffer abschmecken.

### PASTINAKENSALAT

1 Erdnusskerne in einer Pfanne ohne Fett anrösten.

2 Feldsalat putzen, waschen und abtropfen lassen.

3 Pastinaken und Möhren schälen und grob raspeln. Sofort mit der Soße vermischen.

4 Feldsalat auf Tellern anrichten. Pastinakensalat in die Mitte setzen und mit Erdnusskernen bestreut servieren.

Energie 185 kcal · Fett 12 g · Kohlenhydrate 12 g · Eiweiß 6 g · Ballaststoffe 4 g

### TIPP

Besonders aromatisch schmeckt Erdnussmus, wenn es nur aus gemahlenen oder gehackten Erdnüssen und eventuell noch etwas Salz besteht. Aus dem schmackhaften Mus lassen sich auch leckere warme Soßen und Suppen herstellen.

# FELDSALAT mit gebratenen Zwiebelringen

## FEINER SALAT IN DEFTIGER VERSION

### FÜR DEN FELDSALAT

| | |
|---|---|
| 1 kleine | Kartoffel, gekocht |
| 2 EL | Olivenöl |
| 3 EL | Joghurt |
| 2–3 EL | Essig |
| 1 TL | Senf |
| 200 g | Feldsalat |
| | Kräutersalz, Pfeffer |

### FÜR DIE ZWIEBELRINGE

| | |
|---|---|
| 1 | Gemüsezwiebel |
| 3 EL | Vollkornmehl |
| 2 Msp. | Paprikapulver |
| 1 EL | Olivenöl |
| | Salz |

### FELDSALAT

1 Für das Dressing die gekochte Kartoffel pellen und mit einer Gabel fein zerdrücken. Mit Olivenöl, Joghurt und Essig verrühren und mit Senf, Kräutersalz und Pfeffer abschmecken.

2 Feldsalat putzen, waschen und abtropfen lassen.

### ZWIEBELRINGE

1 Zwiebel in dünne Scheiben schneiden. Mehl und Paprikapulver vermischen und Zwiebelringe darin wenden. Zwiebelringe in Olivenöl anbraten und anschließend salzen.

2 Feldsalat mit dem Kartoffeldressing vermengen und die noch warmen Zwiebelringe über dem Salat verteilen.

Energie 120 kcal · Fett 8 g · Kohlenhydrate 8 g · Eiweiß 3 g · Ballaststoffe 2 g

**TIPP** Gekochte Pellkartoffeln vom Vortag übrig? In dieser Salatsoße sind sie bestens aufgehoben. Das Dressing schmeckt auch zu Endiviensalat oder Zuckerhut sehr lecker.

# STECKRÜBENSALAT mit Kokosspänen

## KLASSISCHES GEMÜSE, EXOTISCH PRÄSENTIERT

### ZUTATEN

| | |
|---|---|
| 500 g | Steckrübe |
| 1 TL | Kurkuma oder Currypulver |
| ½ | Bio-Zitrone, ausgepresst |
| 2 EL | Rapsöl |
| 1 EL | Sojasoße |
| 1 EL | Apfeldicksaft |
| 1 Msp. | Ingwer, frisch gerieben |
| 1 großer | Apfel |
| 2 EL | Kokosspäne |
| | Salz, Pfeffer |

1 Steckrübe schälen, in fingerdicke Scheiben und dann in etwa 3 cm lange Stifte schneiden. In wenig Wasser oder über Dampf 10–15 Minuten bissfest kochen. Wasser abgießen und Steckrübenstifte mit Kurkuma oder Currypulver bestäuben. Abkühlen lassen.

2 Für das Dressing Zitronensaft mit Rapsöl, Sojasoße, Apfeldicksaft und frisch geriebenem Ingwer verrühren und mit Salz und Pfeffer abschmecken.

3 Apfel vierteln, entkernen und in dünne Spalten schneiden.

4 Abgekühlte Steckrübenstifte und Apfelspalten mit der Soße vermischen.

5 Kokosspäne in einer Pfanne ohne Fett rösten und kurz vor dem Servieren über den Salat streuen.

Energie 155 kcal · Fett 9 g · Kohlenhydrate 15 g · Eiweiß 2 g · Ballaststoffe 5 g

### TIPP

Kokosspäne, auch Kokoschips genannt, sind dünne geröstete Späne aus dem Fruchtfleisch der Kokosnuss. Sie schmecken nicht so intensiv nach Kokosnuss wie Kokosflocken und sehen dekorativ aus. Sie sind auch übers Müsli gestreut oder einfach so zum Wegknabbern lecker.

# KÜRBIS-LAUCHLASAGNE

## HERBSTLICHER GAUMENSCHMAUS FÜR ALLE NUDELFREUNDE

### FÜR DIE LASAGNE

| | |
|---|---|
| 1 kleine | Zwiebel |
| 150 g | Lauch |
| 500 g | Hokkaido-Kürbis |
| 2 EL | Olivenöl |
| | Kräutersalz, Paprikapulver |

### FÜR DIE SOSSE

| | |
|---|---|
| 1 | Zwiebel |
| 1 | Knoblauchzehe |
| 1 EL | Olivenöl |
| 900 g | passierte Tomaten |
| 100 ml | Sahne |
| 150g | Mozzarella |
| 250 g | Vollkorn-Lasagneblätter |
| | Salz, Pfeffer, Paprikapulver, italienische Kräuter |

### LASAGNE

1 Zwiebel und Lauch in dünne Ringe schneiden.

2 Kürbis waschen und der Länge nach achteln, entkernen und die Achtel in schmale Streifen schneiden.

3 Olivenöl erhitzen und Zwiebel sowie die Kürbisstreifen darin andünsten. Mit Kräutersalz und Paprikapulver würzen, etwas Wasser und Lauch zugeben und bei geschlossenem Deckel ca. 10 Minuten garen.

### SOSSE

1 Die Zwiebel fein würfeln und die Knoblauchzehe fein hacken. Beides in Olivenöl andünsten und passierte Tomaten zugeben. Aufkochen lassen und mit Salz, Pfeffer, Paprikapulver, Kräutern und Sahne abschmecken.

2 Mozzarella in dünne Scheiben schneiden.

3 In eine gefettete Auflaufform die Lasagneblätter abwechselnd mit dem Gemüse und der Tomatensoße schichten. Mit Tomatensoße abschließen und Auflauf mit Mozzarella belegen. Im vorgeheizten Backofen bei 180 °C ca. 30–40 Minuten backen, bis die Nudelplatten gar sind.

Energie 545 kcal · Fett 26 g · Kohlenhydrate 55 g · Eiweiß 20 g · Ballaststoffe 13 g

# GEMÜSEPAELLA

## SPANISCHE REISPFANNE – AUCH OHNE FLEISCH EIN GENUSS

### ZUTATEN

| | |
|---|---|
| 1 | Zwiebel |
| 2 | Knoblauchzehen |
| 2 | Möhren |
| 1 | Herbstrübe oder kleine Kohlrabi |
| 150 g | Kürbis |
| 1 | Lauchstange |
| 2–3 EL | Olivenöl |
| 200 g | Langkornreis |
| 1 Pk. | Safranfäden oder 1 TL Kurkuma, gemahlen |
| 400–500 ml | heißes Wasser |
| 1 | Bio-Zitrone, ausgepresst |
| 100 g | Artischockenherzen, eingelegt |
| 100 ml | Weißwein oder Gemüsebrühe |
| 80 g | Mandeln |
| | Salz, Pfeffer |

1 Zwiebel und Knoblauch fein würfeln.

2 Möhren, Herbstrübe bzw. Kohlrabi und Kürbis in kleine Würfel und Lauch in Ringe schneiden.

3 Olivenöl in einer großen, schweren Pfanne erhitzen und Zwiebelwürfel darin kurz anschmoren.

4 Knoblauch und Gemüsewürfel, bis auf den Lauch, zugeben und kurz mitdünsten.

5 Reis und Safran bzw. Kurkuma unterrühren und mit heißem Wasser und Zitronensaft ablöschen. Bei geringer Hitze etwa 30–40 Minuten garen.

6 Gegen Ende der Garzeit Lauchringe sowie geviertelte Artischockenherzen unterheben und Weißwein bzw. Gemüsebrühe zugeben. Mit Salz und Pfeffer abschmecken und noch einige Minuten durchziehen lassen.

7 Mandeln in grobe Stifte hacken, in einer Pfanne ohne Fett anrösten und über die Paella streuen.

Energie 445 kcal · Fett 22 g · Kohlenhydrate 48 g · Eiweiß 11 g · Ballaststoffe 9 g

**TIPP** Das Gemüse für diese Paella können Sie nach Lust und Laune zusammenstellen. Auch Pilze und Oliven passen in dieses Pfannengericht sehr gut.

# Kartoffeln

## AUF DEM MARKT

Die ersten Frühkartoffeln sehen wirklich verlockend aus: hell, sauber und mit glatter, dünner Schale. Doch die frühen Knollen haben oft einen weiten Weg hinter sich, bis sie bei uns im Gemüseregal landen. Denn Kartoffeln, die wir von April bis Juni bekommen, stammen meist aus Ägypten oder Israel, wo sie nur unter intensiver Bewässerung gedeihen. Sie schmecken oft enttäuschend fad. Mehr Aroma und eine satte gelbe Farbe garantieren heimische Lagerkartoffeln, die ganzjährig erhältlich sind. Ab Juni kommen dann auch heimische Frühkartoffeln in die Geschäfte und im Herbst startet die Haupternte.

## FÜR DEN KÖRPER

Kartoffeln haben mengenmäßig von allem nur ein bisschen zu bieten, da sie aber regelmäßig und in größeren Portionen auf den Tisch kommen, sind sie durchaus nennenswerte Quellen für die Vitamine C, B1, B2, B6 sowie Kalium, Magnesium und Eisen. Ihr Eiweißgehalt ist mit rund zwei Prozent zwar nicht umwerfend, aber von hoher biologischer Wertigkeit. Grüne und gekeimte Knollen enthalten unverträgliches Solanin und sollten gemieden werden.

## IN DER KÜCHE

Kaum zu glauben, aber als die aus Südamerika stammende Kartoffel Mitte des 16. Jahrhunderts nach Europa kam, sah man sie nicht als Nutzpflanze an, sondern erfreute sich an ihren schönen Blüten und Blättern. Um ihre Einführung als Nahrungsmittel in Preußen machte sich Friedrich der Große verdient – wobei er auch zu List und Zwang griff. Man hielt die Kartoffel nämlich für „Teufelszeug", offenbar aßen die Leute aus Unkenntnis zunächst die Beeren, nicht die Knolle. Zudem passte die Hackfrucht nicht gut in die Dreifelder-Wirtschaft. Friedrich ließ unentgeltlich Saatkartoffeln verteilen und erteilte auch eine Reihe von „Kartoffelbefehlen", die den Anbau fördern sollten. Heute ist die Kartoffel eine feste Größe in unserem Speiseplan. Ob ganz schlicht als Pellkartoffel, gebacken im Gratin, gestampft als Püree oder in der Suppe – sie sind in jeder Form ein Gedicht. Ganz zu schweigen von Klößen, Puffern und süßen Knödeln.

## STECKBRIEF

*Botanischer Name:* Solanum tuberosum
*Angebot:* mehlig kochende wie Aula für Püree und Suppen; vorwiegend festkochende wie Granola oder Leyla als Pellkartoffel, für Gratin und Ofenkartoffel; festkochende wie Linda oder Nicola für Salate, Kartoffelpfannen und Pellkartoffel
*Wichtige Inhaltsstoffe:* Kohlenhydrate, Kalium, Magnesium, B-Vitamine

## ZUBEREITUNG

Gekocht, gebacken, gebraten, in Aufläufen, Suppen und Klößen.

Moos-Sieglinde
Roseval
Linda
Vite Lotte
Bamberger Hörndl
Sieglinde
Marabel
Grenaille

# KÜRBIS und KARTOFFELN vom Blech mit Knoblauchdip

## GELINGT IMMER UND LÄSST SICH AUCH FÜR GROSSE RUNDEN PROBLEMLOS ZUBEREITEN

### FÜR DAS GEMÜSE

| | |
|---|---|
| 500 g | Hokkaido-Kürbis |
| 800 g | Kartoffeln |
| 2–3 EL | Olivenöl |
| 3 EL | Zitronensaft, frisch gepresst |
| 1 EL | Rosmarinnadeln oder Thymianblättchen |
| | Salz, Pfeffer, grob gemahlen |

### FÜR DEN KNOBLAUCHDIP

| | |
|---|---|
| 200 g | Joghurt |
| 150 g | saure Sahne |
| 1 EL | Leinöl |
| 1 | Knoblauchzehe |
| | Salz, Pfeffer |

### GEMÜSE

1 Kürbis waschen, mit Schale der Länge nach achteln, entkernen und in etwa 3 cm große Würfel schneiden.

2 Kartoffeln schälen und in gleich große Würfel schneiden.

3 Olivenöl mit Zitronensaft, Salz, Pfeffer und Kräutern vermischen.

4 Kartoffel- und Kürbiswürfel in der Marinade wenden und auf einem Backblech verteilen.

5 Im Backofen bei 180 °C etwa 30 Minuten garen.

### KNOBLAUCHDIP

1 Joghurt mit saurer Sahne und Öl verrühren und mit gepresster Knoblauchzehe, Salz und Pfeffer abschmecken.

2 Den Dip zu den warmen Kartoffel-Kürbiswürfeln servieren.

Energie 310 kcal • Fett 15 g • Kohlenhydrate 35 g • Eiweiß 8 g • Ballaststoffe 5 g

# LINSEN-LAUCHGRATIN

## KERNIGES OFENGERICHT FÜR KÜHLE ABENDE

### ZUTATEN

| | |
|---|---|
| 300 g | braune oder grüne Linsen |
| 1 TL | Thymian, getrocknet |
| 1 | Nelke |
| 1 | Lorbeerblatt |
| 800 ml | Wasser |
| 700 g | Lauch |
| 1 EL | Rapsöl |
| 150 g | Schmand oder Crème fraiche |
| 50 ml | Milch (3,5 %) |
| 50 g | Sonnenblumenkerne |
| | Kräutersalz, Pfeffer, Muskatnuss, dunkler Balsamico |

### VARIATION

Wenn Sie Käse mögen, dann überbacken Sie den Auflauf doch einfach mit 100 g geriebenem Gouda.

1 Linsen mit Thymian, Nelke und Lorbeerblatt in Wasser aufkochen und nach Packungsangabe so lange köcheln lassen, bis sie gar, aber noch bissfest sind.

2 Lorbeerblatt und Nelke entfernen und Linsen mit Kräutersalz, Pfeffer und Balsamico abschmecken.

3 Lauch in Ringe schneiden und in Rapsöl bissfest dünsten. Mit Kräutersalz, Pfeffer und Muskatnuss würzen.

4 Abwechselnd eine Lage Linsen und Lauch in eine geölte Auflaufform geben.

5 Schmand bzw. Crème fraîche mit Milch glatt rühren und über den Auflauf verteilen.

6 Sonnenblumenkerne in einer Pfanne ohne Fett anrösten und über den Auflauf streuen.

7 Im Backofen bei 180 °C etwa 20 Minuten backen.

Energie 435 kcal · Fett 15 g · Kohlenhydrate 47 g · Eiweiß 25 g · Ballaststoffe 11 g

# POLENTA mit Gemüse-Käsehaube

## RAFFINIERTE ALTERNATIVE ZU NUDELN, KARTOFFELN UND CO.

### FÜR DIE POLENTA

| | |
|---|---|
| 400 ml | Milch (3,5 %) |
| 400 ml | Wasser |
| 200 g | Maisgrieß (Polenta) |
| 1 | Knoblauchzehe |
| 2 | Eier |
| | Salz, Pfeffer, Muskatnuss |

### FÜR DIE GEMÜSE-KÄSEHAUBE

| | |
|---|---|
| 1 kleine | Zwiebel |
| 300 g | Möhren |
| 200 g | Sellerie |
| 200 g | Pastinaken |
| 2 EL | Rapsöl |
| 120 ml | Sahne |
| 2 EL | Petersilie, frisch gehackt |
| 100 g | Hartkäse |
| | Salz, Pfeffer, Paprikapulver |

### POLENTA

1 Milch und Wasser erwärmen. Maisgrieß zugeben und unter Rühren zum Kochen bringen. 8 Minuten köcheln und anschließend bei geschlossenem Deckel 20 Minuten quellen lassen.

2 Polenta mit gepresster Knoblauchzehe, Salz, Pfeffer und Muskatnuss abschmecken und Eier unterrühren.

3 Masse in eine kalt ausgespülte Auflaufform streichen.

### GEMÜSE-KÄSEHAUBE

1 Zwiebel in feine und Möhren, Sellerie sowie Pastinaken in größere Würfel schneiden.

2 Zwiebel in Rapsöl anschwitzen, Gemüse zugeben, mit Salz würzen und bei geschlossenem Deckel ca. 10 Minuten schmoren lassen. Zum Schluss Sahne zugeben und einmal aufkochen lassen. Mit Pfeffer, Paprikapulver und Petersilie abschmecken.

3 Gemüse über der Polenta verteilen. Hartkäse grob reiben und über das Gemüse streuen. Auflauf im Backofen bei 200 °C ca. 20–25 Minuten überbacken.

Energie 565 kcal · Fett 29 g · Kohlenhydrate 53 g · Eiweiß 21 g · Ballaststoffe 7 g

**TIPP** Gut geeignet, wenn Gäste kommen. Bei diesem Rezept sind der Fantasie keine Grenzen gesetzt, was die Gemüseauswahl betrifft.

# Orientalischer KICHERERBSENTOPF

## KULINARISCHES WIE AUS 1001 NACHT

### ZUTATEN

| | |
|---|---|
| 600 g | Möhren |
| 300 g | Kartoffeln |
| 1 | Lauchstange |
| 2 | Knoblauchzehen |
| 3–4 EL | Olivenöl |
| 1 Msp. | Kreuzkümmelsamen (Cumin) |
| 2 Msp. | Kurkuma, gemahlen |
| 1 | Bio-Orange, ausgepresst |
| 200–300 ml | Wasser |
| 2 EL | Sultaninen |
| 200 g | gekochte Kichererbsen |
| 2 EL | Zitronensaft, frisch gepresst |
| ½ Bund | glatte Petersilie oder Korianderblätter |
| | Salz, Pfeffer |

1 Möhren in Scheiben, Kartoffeln in Würfel und Lauch in Ringe schneiden. Knoblauchzehen fein hacken.

2 Olivenöl in einem Topf erhitzen und gehackte Knoblauchzehen, Kreuzkümmel und Curcuma zugeben. Gewürze unter Rühren kurz anrösten.

3 Möhren und Kartoffeln zugeben, salzen, kurz mitschmoren und mit Orangensaft und Wasser ablöschen. Etwa 10 Minuten köcheln lassen.

4 Lauchringe, Sultaninen und Kichererbsen zugeben und weitere 5–10 Minuten köcheln lassen.

5 Kichererbsentopf mit Salz, Pfeffer und Zitronensaft abschmecken und mit grob gehackter Petersilie bzw. Koriandergrün bestreut servieren.

Dazu passt Fladenbrot sehr gut.

Energie 275 kcal · Fett 11 g · Kohlenhydrate 35 g · Eiweiß 7 g · Ballaststoffe 8 g

**TIPP** Durch das herrliche Aroma der orientalischen Gewürze wärmt der Eintopf Körper und Seele – ideal an grauen, kalten Herbsttagen. Statt Kreuzkümmelsamen und Kurkuma können sie notfalls auch 2 TL Curry verwenden. Wenn Sie die Kichererbsen selbst kochen, sollten Sie ungefähr 60 g getrocknete Kichererbsen in der dreifachen Menge Wasser etwa 60 Minuten köcheln lassen.

# HIMMEL UND ERDE mit gebratenen Selleriescheiben

## RHEINISCHER KLASSIKER, NEU ERFUNDEN

### FÜR DAS APFELMUS

| | |
|---|---|
| 1 kg | Äpfel |
| 4 EL | Apfelsaft |
| ½ | Zimtstange |
| | Apfeldicksaft |

### FÜR DEN KARTOFFELBREI

| | |
|---|---|
| 800g | Kartoffeln, mehligkochend |
| 250–350 ml | Milch (3,5 %) |
| 1 EL | Butter |
| | Salz, Muskatnuss |

### FÜR DIE SELLERIE-SCHEIBEN

| | |
|---|---|
| 1 kleine | Sellerieknolle (ca. 200 g) |
| 2 EL | Zitronensaft, frisch gepresst |
| 1–2 EL | Rapsöl |
| | Kräutersalz, Paprikapulver, Pfeffer |

### APFELMUS

Die ungeschälten Äpfel entkernen und in Würfel schneiden. Mit Apfelsaft und Zimtstange etwa 10 Minuten garen. Zimtstange entfernen, Äpfel pürieren, evtl. etwas süßen und abkühlen lassen.

### KARTOFFELBREI

1 Kartoffeln mit Schale in wenig Wasser gar kochen oder in einem Dampfeinsatz dämpfen.

2 Kartoffeln noch heiß pellen und durch eine Kartoffelpresse drücken oder mit einem Stampfer gut zerdrücken.

3 Milch erhitzen und so viel heiße Milch unter die Kartoffelmasse arbeiten, bis ein cremiger Brei entsteht. Mit Salz, Muskatnuss und etwas Butter abschmecken.

### SELLERIESCHEIBEN

1 Sellerieknolle im Ganzen schälen und in etwa 1 cm dicke Scheiben schneiden. Die Scheiben mit Zitronensaft beträufeln und mit Kräutersalz, Pfeffer und Paprikapulver würzen. In Öl von beiden Seiten schmoren, bis die Selleriescheiben gar sind.

2 Zusammen mit Kartoffel- und Apfelbrei servieren.

Energie 375 kcal • Fett 9 g • Kohlenhydrate 64 g • Eiweiß 7 g • Ballaststoffe 8 g

# KARTOFFEL-KÄSEWAFFELN

## SCHNELL ZUBEREITET – WIRD GARANTIERT EIN LIEBLINGSESSEN

### ZUTATEN

| | |
|---|---|
| 1 | Zwiebel |
| 800 g | Kartoffeln |
| 80 g | Käse, z. B. Gouda oder Emmentaler |
| 3 | Eier |
| 120 g | Dinkelvollkornmehl |
| | Salz, Pfeffer, Muskatnuss |

1 Zwiebel in feine Würfel schneiden.

2 Kartoffeln schälen und mit dem Käse fein reiben.

3 Kartoffeln mit Zwiebelwürfeln, Käse, Eiern und Mehl vermischen und mit Salz, Pfeffer und Muskatnuss abschmecken.

4 Aus der Masse in einem beschichteten Waffeleisen nacheinander Waffeln backen.

Energie 350 kcal · Fett 11 g · Kohlenhydrate 45 g · Eiweiß 16 g · Ballaststoffe 5 g

### TIPP

Mit einem bunten Salat oder Apfelmus serviert, werden diese herzhaften Waffeln zu einem sättigenden Hauptgericht.

# Zwiebeln

## AUF DEM MARKT

Die Zwiebel ist eine unserer ältesten Kulturpflanzen. Bereits vor 5.000 Jahren nutzten die Völker Zentralasiens den unterirdisch wachsenden Spross zum Würzen und Heilen. Die Römer brachten die Speisezwiebel über die Alpen zu uns. Hier fand das vielseitige Gemüse schnell Gefallen. Heute zählen Zwiebeln in Deutschland nach Tomaten und Möhren zu den beliebtesten Gemüsen. Rund acht Kilo pro Jahr lassen wir uns davon schmecken. Die Auswahl ist groß: Im Frühjahr kommen als Erstes die frischen Frühlings- oder Lauchzwiebeln auf den Markt, später folgen dann die kleinen Schalotten, rote, weiße oder gelbe Küchenzwiebeln sowie die großen Gemüsezwiebeln. Im Herbst startet die Haupternte, die für die kommenden Monate eingelagert wird. Da sich Zwiebeln sehr gut aufbewahren lassen, sind sie bis zum nächsten Frühjahr aus heimischen Anbau im Handel zu haben.

## FÜR DEN KÖRPER

Die gesündesten Wirkstoffe in Zwiebeln sind gleichzeitig auch die schärfsten. Die ätherischen Öle stecken gut verpackt in den einzelnen Pflanzenzellen und werden erst durchs Schneiden bzw. Kauen freigesetzt. Beim Kochen und Braten geht ein Teil der leicht flüchtigen Verbindungen verloren, die Zwiebel wird milder. Wer es verträgt, sollte das scharfe Gemüse jedoch ruhig öfter roh genießen. Kaum hitzeempfindlich sind dagegen die enthaltenen Flavonoide. Der gelbe Pflanzenfarbstoff wirkt antioxidativ und ist vor allem in gelben und roten Zwiebeln vertreten. Die entzündungshemmende Wirkung der Zwiebel wird auch in der Hausmedizin gerne genutzt: als Päckchen bei Ohrenschmerzen, im Brustwickel bei Husten oder mit Honig vermischt als Hustensaft.

## IN DER KÜCHE

Die scharfen Knollen werden bei uns selten pur verspeist, als würzige Zutat gehören sie aber nahezu an jedes herzhafte Gericht. Die etwas milderen großen Gemüsezwiebeln eignen sich zum Füllen und für Salate, kleine Schalotten lassen sich gut einlegen, dünsten oder grillen. Frische Lauch- oder Frühlingszwiebeln sind ideal für den Salat oder schmecken kurz gedünstet im Wokgemüse hervorragend. Wer rohe Zwiebeln nicht gut verträgt, kann sie vor Verzehr in etwas Öl andünsten oder mit kochendem Wasser blanchieren. Manchmal hilft es auch, sie etwas länger in der Salatsoße zu marinieren.
Da ihre Schärfe leicht verfliegt, sollten Zwiebeln nach dem Kleinschnippeln zügig verarbeitet werden. Angeschnittene Zwiebeln können mit der Schnittfläche nach unten in einem luftdichten Döschen oder Glas im Kühlschrank gelagert werden. Gegen tränende Augen beim Schneiden hilft nur ein offenes Fenster oder eine dichte Brille.

Von Zwiebeln können Sie ruhig einen größeren Vorrat kaufen. Das Gemüse lässt sich trocken und luftig mehrere Monate aufbewahren. Ein dunkler Standort im Keller oder in einer dichten Papiertüte ist von Vorteil. Werden Zwiebeln zu hell gelagert, neigen sie dazu, auszutreiben.

## STECKBRIEF

*Botanischer Name:* Allium cepa
*Angebot:* Lauchzwiebel, Gemüsezwiebel, Schalotte, Silberzwiebel, rote, weiße und gelbe Küchenzwiebel
*Wichtige Inhaltsstoffe:* Ballaststoffe, sekundäre Pflanzenstoffe wie Sulfide, Flavonoide und Phenolsäuren, schwefelhaltige Verbindungen, Flavonoide

## ZUBEREITUNG

Roh, gedünstet, gekocht, gegrillt und gebacken.

# Herzhafter KRAUTKUCHEN vom Blech

## BESTENS GEEIGNET FÜR GESELLIGE RUNDEN

**Ergibt 6 Portionen**

### FÜR DEN TEIG

| | |
|---|---|
| 350 g | Weizenvollkornmehl |
| 2 TL | Backpulver |
| 2 Msp. | Salz |
| 175 g | Magerquark |
| 6 EL | Olivenöl |
| 5–7 EL | kaltes Wasser |

### FÜR DIE FÜLLUNG

| | |
|---|---|
| 1 EL | Rapsöl |
| 200 g | Zwiebeln |
| 400 g | Weißkohl |
| 200 g | Kürbis oder Möhren |
| 1 EL | getrocknete italienische Kräuter |
| 200 g | Schmand oder saure Sahne |
| 100 g | geriebener Bergkäse |
| | Salz, Paprika, Muskatnuss, Pfeffer |

### QUARK-ÖLTEIG

1 Mehl mit Backpulver und Salz vermischen. Quark, Olivenöl und soviel Wasser unterkneten, dass ein geschmeidiger Teig entsteht.

2 Teig auf einem gefetteten Backblech dünn ausrollen und gleich im vorgeheizten Backofen bei 180 °C ca. 10 Minuten vorbacken.

### GEMÜSEFÜLLUNG

1 Zwiebeln in Ringe und Weißkohl in Streifen schneiden. Kürbis bzw. Möhre grob reiben.

2 Zwiebelringe in Rapsöl andünsten und nach wenigen Minuten Weißkohl und Kürbis bzw. Möhren zugeben. Mit Salz und italienischen Kräutern würzen und bei geschlossenem Deckel etwa 8–10 Minuten bissfest dünsten. Mit Paprika, Muskatnuss und Pfeffer abschmecken.

3 Schmand bzw. saure Sahne unterrühren.

4 Füllung auf dem vorgebackenen Boden verteilen und mit geriebenem Bergkäse bestreuen.

5 Im Backofen bei 180 °C weitere 30 Minuten backen.

Energie 670 kcal · Fett 33 g · Kohlenhydrate 63 g · Eiweiß 27 g · Ballaststoffe 13 g

# SPÄTZLE mit Linsen-Pilzragout

## HERZHAFTE LECKEREI NACH SÜDDEUTSCHER ART

### FÜR DIE SPÄTZLE

| | |
|---|---|
| 400 g | Spätzle ohne Ei |
| | Salzwasser |

### FÜR DAS LINSEN-PILZRAGOUT

| | |
|---|---|
| 1 große | Zwiebel |
| 2 EL | Olivenöl |
| 80 g | rote Linsen |
| 4 EL | Tomatenmark |
| 1 Msp. | Kümmelsamen |
| 400 ml | Gemüsebrühe oder Wasser |
| 500 g | Steinchampignons |
| 100 g | Lauch |
| 1 | Knoblauchzehe |
| 1–2 EL | Obstessig |
| | Kräutersalz, Pfeffer, Paprika, Salz |

### SPÄTZLE

Spätzle in reichlich Salzwasser gar kochen.

### LINSEN-PILZRAGOUT

1 Zwiebel fein würfeln und in 1 EL Olivenöl anschwitzen. Rote Linsen zugeben und kurz mitdünsten. Tomatenmark und Kümmel unterrühren und mit Brühe ablöschen. Etwa 20 Minuten köcheln lassen, bis die Linsen weich sind.

2 Champignons vierteln. In Olivenöl anschmoren und anschließend mit Kräutersalz, Pfeffer und Paprikapulver würzen.

3 Lauch in dünne Ringe schneiden und zusammen mit den Pilzen zu den Linsen geben, einige Minuten köcheln lassen und mit feingehacktem Knoblauch, Obstessig, Pfeffer und Salz abschmecken.

4 Linsen-Pilzragout zu den Spätzle servieren.

Energie 385 kcal · Fett 11 g · Kohlenhydrate 51 g · Eiweiß 19 g · Ballaststoffe 7 g

**TIPP** Das Rezet bietet viele Möglichkeiten für optische Variationen. Statt roter Linsen können Sie beispielsweise schwarze verwenden oder statt Lauch Möhren.

# BUCHWEIZENBLINIS mit Zimtpflaumen

## FEINE ALTERNATIVE ZU PFANNKUCHEN

### FÜR DIE BUCHWEIZENBLINIS

| | |
|---|---|
| 150 g | Weizenvollkornmehl |
| 100 g | Buchweizenmehl |
| 10 g | frische Hefe (¼ Würfel) oder ½ Tütchen Trockenhefe |
| 250 ml | Wasser |
| 2 | Eier |
| 250 ml | Milch (3,5 %) |
| 2 EL | Vollrohrzucker |
| 1 Msp. | Salz |
| | Rapsöl, zum Backen |

### FÜR DIE ZIMTPFLAUMEN

| | |
|---|---|
| 700 g | Zwetschen oder Pflaumen |
| 70 ml | Apfelsaft |
| ½ | Zimtstange |
| | evtl. Zucker |

### BUCHWEIZENBLINIS

1 Weizen- und Buchweizenmehl mit Zucker und Salz vermischen.

2 Hefe in Wasser auflösen.

3 Eier trennen und Eigelbe mit der Hefe und der Milch unter das Mehl rühren. Abgedeckt an einem warmen Ort etwa 20 Minuten gehen lassen.

4 Eiweiß steif schlagen und unter den gegangenen Teig heben.

5 In einer Pfanne in Rapsöl kleine Pfannkuchen ausbacken.

### ZIMTPFLAUMEN

1 Zwetschen oder Pflaumen halbieren und den Kern entfernen.

2 Obst mit Apfelsaft und der Zimtstange kurz aufkochen und dann abkühlen lassen.

3 Je nach Süße der Zwetschen oder Pflaumen mit etwas Zucker abschmecken.

4 Kalt zu den warmen Blinis servieren.

Energie 425 kcal · Fett 9 g · Kohlenhydrate 72 g · Eiweiß 12 g · Ballaststoffe 7 g

### TIPP

Blinis sind die russische Variante der deutschen Pfannkuchen. Sie lassen sichauch nur aus Buchweizenmehl backen. Dann sind sie glutenfrei. Buchweizenmehl finden Sie im Geschäft meistens bei den diätetischen Lebensmitteln. Sie können es aus ganzen Buchweizensamen selbst mahlen.

# Herbstmenü

VORSPEISE

## AVOCADO-APFEL-CARPACCIO

MIT WALNUSSVINAIGRETTE

HAUPTGERICHT

## FLAMMKUCHEN

MIT STEINPILZEN

DESSERT

## KNUSPERÄPFEL

MIT VANILLEEIS

VORSPEISE

# Avocado-Apfel-Carpaccio mit Walnussvinaigrette

### FÜR DIE VINAIGRETTE

| | |
|---|---|
| 1 EL | Rapsöl |
| 1 EL | Walnussöl |
| 3 EL | Apfelsaft |
| 2 EL | Balsamico bianco |
| ½ TL | Senf, mittelscharf |
| ¼ | Zwiebel |
| 3 | Walnüsse |

### FÜR DEN SALAT

| | |
|---|---|
| 1 große | Avocado |
| 1 großer | roter Apfel |
| 1 Beet | Kresse |
| | Kräutersalz, Pfeffer |

### VINAIGRETTE

Für die Vinaigrette Öl mit Apfelsaft, Balsamico und Senf verrühren. Zwiebel fein würfeln und Walnüsse grob hacken. Beides zur Vinaigrette geben und mit Kräutersalz und Pfeffer abschmecken.

### SALAT

1 Avocado in vier Stücke teilen, Stein entfernen und die Schale abziehen. Avocadoviertel quer in dünne Spalten schneiden.

2 Apfel ebenfalls vierteln, Kerngehäuse entfernen und die Viertel quer in dünne Spalten schneiden.

3 Kresse vom Beet schneiden, waschen und auf einem großen Teller anrichten. Apfel- und Avocadospalten auf der Kresse verteilen und die Vinaigrette darübergießen.

Energie 245 kcal · Fett 22 g · Kohlenhydrate 8 g · Eiweiß 2 g · Ballaststoffe 5 g

HAUPTSPEISE

# Flammkuchen mit Steinpilzen

### FÜR DEN TEIG

| | |
|---|---|
| 250 g | Weizen- oder Dinkelvollkornmehl |
| 2 Msp. | Salz |
| 21 g | frische Hefe (½ Würfel) oder 1 Tütchen Trockenhefe |
| 1 EL | Olivenöl |
| 150–180 ml | Wasser, lauwarm |

### FÜR DEN BELAG

| | |
|---|---|
| 150 g | Zwiebeln |
| 2 EL | Rapsöl |
| 1 Msp. | Blütengewürz aus dem Bio-Laden oder Kräutermischung |
| 150 g | Steinpilze |
| | Kräutersalz, Paprikapulver, Pfeffer |

### FÜR DEN GUSS

| | |
|---|---|
| 200 g | saure Sahne |
| 1 | Ei |
| | Salz, Pfeffer |

VARIATION: Anstelle von Steinpilzen können Sie auch braune Champignons oder Kräuterseitlinge verwenden.

BLÜTENGEWÜRZ: Von manchen Pflanzen werden aussschließlich die Blüten als Gewürz verwendet, dazu gehören zum Beispiel Kapern, Safran, Beifuß oder Gewürznelken. Die Verarbeitung der Blüten zum Gewürz ist relativ aufwendig und es entstehen häufig nur geringe Mengen, wie etwa beim Safran.

### TIPP

Mit einer reifen, aber noch schnittfesten Avocado gelingt das Carpaccio am besten. Die Früchte geben dann auf Daumendruck leicht nach. Ist die Avocado noch zu fest, können Sie diese ein paar Tage liegen lassen. Sie reift dann nach.

### TEIG

Mehl mit Salz vermischen. Hefe in etwas Wasser auflösen. Öl, Hefe und so viel Wasser unter das Mehl kneten, bis ein geschmeidiger Teig entsteht. Teig ca. 30 Minuten bei Zimmertemperatur gehen lassen.

### BELAG

1 Zwiebeln schälen und in dünne Ringe schneiden. In einer Pfanne in 1 EL Öl andünsten und mit Salz und Blütengewürz bzw. Kräutern mischen.

2 Pilze in dünne Scheiben schneiden. Ebenfalls in 1 EL Öl andünsten. Mit Kräutersalz und Paprikapulver abschmecken.

### GUSS

1 Saure Sahne mit dem Ei verquirlen und mit Salz und Pfeffer würzen.

2 Teig in vier Stücke teilen und jedes Stück zu einem ovalen Fladen ausrollen. Die Fladen auf zwei mit Backpapier belegte Backbleche legen und noch einmal ganz dünn ausrollen.

3 Teig mit dem Guss bestreichen und Zwiebeln und Pilze darauf verteilen.

4 Im vorgeheizten Backofen bei 200 °C ca. 20–25 Minuten backen.

Energie 410 kcal • Fett 20 g • Kohlenhydrate 41 g • Eiweiß 14 g • Ballaststoffe 9 g

DESSERT

# Knusperäpfel mit Vanilleeis

### ZUTATEN

| | |
|---|---|
| 50 g | feine Haferflocken |
| 70 g | Dinkelvollkornmehl |
| 50 g | Vollrohrzucker |
| 1 Prise | Salz |
| 50 g | Butter |
| 1 Prise | Vanille, gemahlen |
| 800 g | Äpfel |
| 4 EL | Mandelblättchen |
| 4 Kugeln | Vanilleeis |

1 Haferflocken mit Dinkelmehl, Vollrohrzucker und Salz mischen.

2 Butter in einem Topf schmelzen, Vanille zugeben und über die Haferflockenmischung gießen. Mit der Hand zu Streuseln kneten.

3 Äpfel waschen, in Achtel schneiden und entkernen. Äpfel in eine flache Auflaufform schichten und die Streusel darüber verteilen. Mit Mandelblättchen bestreuen.

4 Bei 180 °C im Backofen 20–30 Minuten backen.

5 Die warmen Knusperäpfel mit jeweils einer Kugel Vanilleeis servieren.

Energie 430 kcal • Fett 18 g • Kohlenhydrate 59 g • Eiweiß 6 g • Ballaststoffe 7 g

Winter

# SCHWARZWURZELSUPPE mit Schwarzkümmel

## ALTES GEMÜSE – NEU ZU ENTDECKEN

### ZUTATEN

| | |
|---|---|
| 400 g | Schwarzwurzeln |
| 2–3 EL | Zitronensaft, frisch gepresst |
| 1 | Zwiebel |
| 1 EL | Butter |
| 600–700 ml | Wasser |
| 100 ml | Sahne |
| 2 EL | Schwarzkümmelsamen |
| | Salz, weißer Pfeffer, Muskatnuss |

### INFO

Schwarzkümmelsamen ist nicht mit echtem Kümmel verwandt. Die Samen schmecken viel milder und entwickeln beim Rösten ein wunderbares Aroma, das eher an Sesam erinnert.

1 Schwarzwurzeln schälen und in kleine Stücke schneiden, mit Zitronensaft beträufeln oder in Zitronenwasser legen.

2 Zwiebel schälen, in Würfel schneiden und in Butter anschwitzen. Schwarzwurzeln dazugeben, salzen und mit Wasser auffüllen. Bei geschlossenem Deckel ca. 15–20 Minuten gar dünsten.

3 Die Suppe mit dem Mixer oder dem Pürierstab cremig pürieren und Sahne zugeben.

4 Schwarzkümmel in einer Pfanne ohne Fett leicht anrösten.

5 Suppe mit Salz, Pfeffer und evtl. noch etwas Zitronensaft abschmecken und mit gerösteten Schwarzkümmelsamen bestreut servieren.

Energie 140 kcal · Fett 11 g · Kohlenhydrate 5 g · Eiweiß 2 g · Ballaststoffe 11 g

**TIPP** Der Milchsaft der Schwarzwurzeln klebt manchmal stark an den Händen. Waschen Sie Ihre Hände hinterher mit Essigwasser oder benutzen Sie beim Schälen Handschuhe.

# APFEL-KOKOSSUPPE mit Mandelsplittern

## KARIBISCHE NOTE AN KALTEN WINTERTAGEN

### ZUTATEN

| | |
|---|---|
| 1 große | Zwiebel |
| 1 EL | Rapsöl |
| 2 große | Äpfel |
| 2 | Bananen |
| 1 EL | Currypulver |
| 1 | Lorbeerblatt |
| 700–800 ml | Wasser |
| 100 ml | Kokosmilch |
| 1 Prise | Zimt, gemahlen |
| evtl. 1–2 EL | Zitronensaft, frisch gepresst |
| 3 EL | Mandelsplitter |
| | Salz, Pfeffer |

1 Zwiebel würfeln und in Rapsöl anschwitzen.

2 Äpfel grob reiben, Bananen klein würfeln und beides mit Currypulver und Lorbeerblatt zu den Zwiebelwürfeln geben. Salzen und etwa 10 Minuten andünsten.

3 Wasser und Kokosmilch dazugießen und Suppe 5 Minuten köcheln lassen.

4 Lorbeerblatt entfernen, Suppe pürieren und mit Zimt, Salz und Pfeffer abschmecken. Falls die Äpfel sehr süß waren, etwas Zitronensaft zugeben.

5 Mandelsplitter in einer Pfanne ohne Fett anrösten und über die Suppe streuen.

Energie 145 kcal · Fett 5 g · Kohlenhydrate 22 g · Eiweiß 2 g · Ballaststoffe 3 g

### TIPP

Kokosmilch oder Kokoscreme wird aus dem geraspelten Fruchtfleisch der Kokosnuss hergestellt. Die weiße Milch verleiht Gemüsegerichten, Suppen und Soßen ein zartes Kokosaroma und eine exotische Note und lässt sich vielfältig einsetzen.

# GEMÜSEBOUILLON mit Grünkernklößchen

## IST LEICHT UND MACHT TROTZDEM SATT

### FÜR DIE SUPPE

| | |
|---|---|
| 100 g | Möhren |
| 80 g | Petersilienwurzel |
| 80 g | Sellerie |
| 100 g | Lauch |
| 1 l | Gemüsebrühe |
| 4 EL | Schnittlauch, in Röllchen geschnitten |

### FÜR DIE KLÖSSCHEN

| | |
|---|---|
| 30 g | Butter |
| 125 ml | halb Milch (3,5 %), halb Wasser |
| | Meersalz, Pfeffer, Muskatnuss |
| 70 g | Grünkern, fein gemahlen |
| 1 | Ei |

### VARIATION

Falls Sie kein Grünkernmehl bekommen, können Sie auch Weizen- oder Dinkelgrieß für die Klößchen verwenden.

1 Für die Klößchen Butter in einem kleinen Topf schmelzen, Milch und Wasser sowie Gewürze zugeben und aufkochen lassen. Grünkernmehl in die kochende Flüssigkeit geben und solange rühren, bis sich der Teig zu einem Kloß formt. Teig etwas abkühlen lassen und dann das Ei unterarbeiten.

2 Gemüse in feine Streifen schneiden und in der Gemüsebrühe aufkochen lassen.

3 Aus dem Teig mit nassen Händen kleine runde Klößchen formen und in der leicht köchelnden Brühe etwa 8 Minuten garen.

4 Suppe mit Schnittlauchröllchen bestreut servieren.

Energie 230 kcal · Fett 13 g · Kohlenhydrate 20 g · Eiweiß 7 g · Ballaststoffe 5 g

# CHICORÉE in Kresse-Senfdressing

## KNACKIG-FRISCHER VITAMINSPENDER

### ZUTATEN

| | |
|---|---|
| 100 g | saure Sahne |
| 1 EL | Leinöl |
| 2 EL | Obstessig |
| 2 TL | grobkörniger Senf |
| ½ Beet | Kresse |
| 400 g | Chicorée |
| 1 | rotschaliger Apfel |
| | Kräutersalz, Pfeffer |

1 Für das Dressing saure Sahne mit Öl, Essig und Senf verrühren. Mit Kräutersalz und Pfeffer abschmecken.

2 Kresse waschen, vom Beet schneiden und unter das Dressing heben.

3 Chicorée entblättern, Strunk herausschneiden und die Blätter mit der Hand in mundgerechte Stücke teilen.

4 Apfel vierteln und quer in Scheiben schneiden.

5 Apfel mit Chicorée unter das Dressing rühren und den Salat abschmecken.

Energie 80 kcal · Fett 5 g · Kohlenhydrate 7 g · Eiweiß 2 g · Ballaststoffe 1 g

# Frischer SAUERKRAUTSALAT

## VITAMIN-C-SPENDER – GENAU RICHTIG IN DER KALTEN JAHRESZEIT

### ZUTATEN

| | |
|---|---|
| 2 EL | Orangensaft, frisch gepresst |
| 3 EL | Sahne (ca. 35 ml) |
| 250 g | Frischkost-Sauerkraut |
| 2 | Birnen oder Äpfel |
| | Salz, Pfeffer |

1 Für die Soße Orangensaft mit Sahne verrühren.

2 Sauerkraut etwas klein schneiden und zu der Soße geben.

3 Birnen bzw. Äpfel achteln, entkernen und quer in Scheiben schneiden. Unter das Sauerkraut mischen und mit wenig Salz und reichlich Pfeffer abschmecken.

Energie 80 kcal · Fett 3 g · Kohlenhydrate 11 g · Eiweiß 1 g · Ballaststoffe 3 g

### TIPP

Frischkost-Sauerkraut kommt unerhitzt in den Handel und ist noch wunderbar knackig. Es wird lose oder luftdurchlässig abgepackt im Bioladen, Reformhaus oder auf dem Wochenmarkt angeboten.

# ENDIVIENSALAT mit Curryrahm

## BELIEBTER SALAT MIT ÜBERRASCHENDER NOTE

### ZUTATEN

| | |
|---|---|
| 100 g | Zwiebeln |
| 1 | Knoblauchzehe |
| 1 EL | Rapsöl |
| 3 TL | Currypulver |
| 3 EL | saure Sahne |
| 2 EL | Obstessig |
| 250 g | Endiviensalat |
| 50 g | Walnüsse |
| | Salz, Pfeffer |

1 Für das Dressing Zwiebeln und Knoblauchzehe fein würfeln und in Rapsöl glasig dünsten. Currypulver zugeben und kurz mitrösten. Saure Sahne und Obstessig unterrühren und mit Salz und Pfeffer würzen.

2 Endiviensalat in Streifen schneiden, mit dem Curryrahm vermengen und abschmecken.

3 Walnüsse grob hacken und über den Salat streuen.

Energie 140 kcal • Fett 12 g • Kohlenhydrate 4 g • Eiweiß 3 g • Ballaststoffe 2 g

### TIPP

Das Dressing schmeckt auch mit anderen kräftigen Blattsalaten wie Feldsalat, Rucola oder Radicchio lecker.

# Kohl

## AUF DEM MARKT

Weißkraut, Kappes, Weißkohl, Weißkabis: Allein schon der Weißkohl hat viele Namen. Das wiederum zeigt, dass er in vielen Regionen geschätzt wird. Als Sauerkraut ist das milchsauer vergorene Kohl weit verbreitet. Besonders frisch und gesund ist nicht erhitztes Sauerkraut, das ab Oktober lose angeboten wird. Die große Familie des Kohls umfasst viele Mitglieder, die uns das ganze Jahr erfreuen: im Frühjahr mit Kohlrabi, im Sommer mit Spitzkohl, Brokkoli und Blumenkohl, im Herbst mit weißen und roten Kohlköpfen sowie Wirsing und im Winter mit Grün- und Rosenkohl.

## FÜR DEN KÖRPER

In der Seefahrt des 18. und 19. Jahrhunderts bewahrte auf den langen Fahrten das haltbare Sauerkraut viele Matrosen vor der gefürchteten Vitamin-C-Mangel-Krankheit Skorbut. Noch mehr Vitamin C steckt in frischem Kohl. Führend sind hier Brokkoli, Rosenkohl und Grünkohl. Auch ihre Liste an sekundären Pflanzenstoffen von Glucosinolaten über Flavonoiden bis zu Carotinoiden kann sich sehen lassen.

## IN DER KÜCHE

Kohl wird am besten in etwas Fett oder nur wenig Wasser gedünstet, damit sich die wertvollen Inhaltsstoffe nicht im Kochwasser lösen. Besonders nährstoffreich ist er als Salat: fein gehobelt mit Essigdressing, mediterran mit Tomaten und Schafskäse oder fruchtig mit Birne und Apfel.

## STECKBRIEF

*Botanischer Name:* Brassicaceae
*Angebot:* Blumenkohl, Brokkoli, Chinakohl, Grünkohl, Kohlrabi, Rosenkohl, Rotkohl, Weißkohl, Wirsing
*Wichtige Inhaltsstoffe:* Vitamin C, Ballaststoffe, sekundäre Pflanzenstoffe wie Glukosinolate, Flavonoide, Carotinoide

## ZUBEREITUNG

Roh, gedünstet, milchsauer vergoren; als Salat, Beilage, in Gemüsepfannen und Aufläufen.

Weißkohl
Grünkohl
Chinakohl
Rosenkohl
Wirsing
Brokkoli
Kohlrabi
Spitzkohl
Blumenkohl
Rotkohl

# ROTKOHLSALAT mit Birne und Walnüssen

## FEINE BEILAGE MIT INTERESSANTEN AROMEN

### ZUTATEN

| | |
|---|---|
| 2 EL | Zitronensaft, frisch gepresst |
| 2 EL | Orangensaft, frisch gepresst |
| 1 TL | Birnen- oder Apfeldicksaft |
| 2 EL | Rapsöl |
| 1 EL | Walnussöl |
| 300 g | Rotkohl |
| 1 | Birne |
| 8 | Walnusskerne |
| | Salz, Zimt, Cayennepfeffer |

### VARIATION

Besonders saftig wird der Rotkohlsalat mit Orangenfilets oder halbierten Weintrauben.

1 Für die Soße Zitronen- und Orangensaft mit Birnen- bzw. Apfeldicksaft, Salz, Zimt sowie einer Prise Cayennepfeffer verrühren. Öl unterschlagen.

2 Rotkohl fein hobeln oder in sehr dünne Streifen schneiden. Mit der Hand etwas weich drücken und mit der Soße vermischen.

3 Birne vierteln, entkernen und quer in dünne Scheiben schneiden. Unter den Kohl mischen.

4 Walnüsse grob hacken und über den Salat streuen.

Energie 165 kcal · Fett 13 g · Kohlenhydrate 9 g · Eiweiß 2 g · Ballaststoffe 3 g

# LAUCH-PILZRAGOUT mit Grünkernnocken

## WÜRZIG UND FEIN

### FÜR DIE GRÜNKERNOCKEN

| | |
|---|---|
| 150 g | Grünkern, geschrotet |
| 300 ml | Wasser |
| 1 TL | Majoran, getrocknet |
| 2 TL | Gemüsebrühe |
| 1 | Ei |
| 100 g | Hartkäse, gerieben |
| | Salz, Paprikapulver, Pfeffer |

### FÜR DAS LAUCH-PILZRAGOUT

| | |
|---|---|
| 1 | Zwiebel |
| 600 g | Lauch |
| 250 g | Stein-Champignons |
| 1 EL | Rapsöl |
| 50 ml | Weißwein oder Gemüsebrühe |
| 100 ml | Sahne |
| | Kräutersalz, Thymian, Pfeffer |

### GRÜNKERNNOCKEN

1 Grünkernschrot mit Wasser, Majoran und Gemüsebrühe vermischen und unter Rühren aufkochen. Auf kleinster Flamme bei geringer Hitze 20 Minuten quellen, danach etwas abkühlen lassen.

2 Das Ei und die Hälfte des geriebenen Käses unterrühren und mit Salz, Paprikapulver und Pfeffer abschmecken.

### LAUCH-PILZRAGOUT

1 Zwiebel in Würfel, Lauch in Ringe und Champignons in Scheiben schneiden.

2 Zwiebelwürfel in Rapsöl andünsten, Champignons zugeben, einige Minuten mitdünsten und dann den Lauch zufügen. Weißwein bzw. Gemüsebrühe dazugießen und mit Kräutersalz und Thymian würzen. Gemüse bei geschlossenem Deckel ca. 15 Minuten garen. Sahne unterrühren und das Ragout nochmals abschmecken.

3 Ragout in eine gefettete Auflaufform geben. Aus der Grünkernmasse mit zwei nassen Esslöffeln Nocken abstechen und auf das Gemüse setzen. Restlichen Käse darüber streuen und im vorgeheizten Backofen bei 180 °C ca. 20 Minuten backen.

Energie 400 kcal · Fett 22 g · Kohlenhydrate 29 g · Eiweiß 19 g · Ballaststoffe 7 g

# BUCHWEIZEN-NUSSKÜCHLEIN

## KLEINE KRAFTPAKETE

### ZUTATEN

| | |
|---|---|
| 1 | Zwiebel |
| 2–3 EL | Rapsöl |
| 200 g | Buchweizen, grob geschrotet |
| 400 ml | Wasser |
| 50 g | Haselnüsse |
| 1 EL | frische Petersilie, gehackt, oder 1 Msp. getrockneter Thymian |
| | Salz, Muskatnuss, frisch gerieben |

1 Zwiebel fein würfeln und in 1 EL Rapsöl andünsten.

2 Buchweizenschrot, kurz mitrösten und mit Wasser ablöschen. Etwa 20 Minuten köcheln lassen.

3 Buchweizenmasse mit Salz und Muskatnuss abschmecken und abkühlen lassen.

4 Haselnüsse grob hacken und zusammen mit der Petersilie bzw. dem Thymian unter den Buchweizen heben.

5 Mit der Hand oder 2 Esslöffeln kleine Küchlein formen und in Öl von beiden Seiten backen.

Dazu schmeckt ein Rote-Bete-Gemüse lecker.

Energie 315 kcal · Fett 15 g · Kohlenhydrate 37 g · Eiweiß 7 g · Ballaststoffe 3 g

**TIPP** Buchweizen schmeckt nussig und eignet sich sowohl für herzhafte als auch für süße Speisen.

# NUDELAUFLAUF mit Sauerkraut und Apfel

## GESUNDES KRAUT, ÜBERRASCHEND ANDERS

### ZUTATEN

| | |
|---|---|
| 300 g | Nudeln (Hörnchen oder Penne) |
| 2 | Zwiebeln |
| 1 EL | Rapsöl |
| 2 kleine | Äpfel |
| 400 g | Sauerkraut |
| 1 Msp. | Kümmelsamen |
| 2 | Koriandersamen |
| 1 | Lorbeerblatt |
| 150 ml | Sahne |
| 150 g | Joghurt |
| 1 | Ei |
| 100 g | milder Käse zum Überbacken |
| | Salz, Pfeffer |

1 Nudeln in kochendem Salzwasser garen.

2 Zwiebeln fein würfeln und in Rapsöl andünsten.

3 Äpfel grob würfeln und mitschmoren lassen.

4 Sauerkraut, Kümmel- und Koriandersamen sowie Lorbeerblatt zu den Äpfeln geben und einige Minuten auf kleiner Flamme durchziehen lassen. Anschließend Lorbeerblatt entfernen.

5 Sahne, Joghurt und Ei verrühren und mit Salz und Pfeffer würzen.

6 Nudeln und Sauerkraut abwechselnd in eine gefettete Auflaufform schichten und mit der Sahne-Ei-Mischung übergießen.

7 Käse reiben und über den Auflauf streuen.

8 Bei 200 °C im Ofen ca. 30 Minuten backen.

Energie 580 kcal · Fett 26 g · Kohlenhydrate 64 g · Eiweiß 21 g · Ballaststoffe 7 g

# ORANGENSENF

GESCHENK AUS DER KÜCHE

**Einweichzeit: 24 Stunden**

**FÜR 3 KLEINE GLÄSER À 125 ML**

ZUTATEN

| | |
|---|---|
| 1–2 | Bio-Orangen (ca. 100 ml Saft) |
| 100 g | Senfkörner |
| 120 ml | Weißweinessig oder Balsamico bianco |
| 1 St. | frischer Ingwer (ca. 1 cm) |
| 3–4 EL | Agavendicksaft |
| 2–3 Msp. | Salz |

1 Orangen heiß abwaschen und von einer Orange die Schale abreiben. Orangen auspressen.

2 Senfkörner mit Orangenschalen, Essig und 100 ml Orangensaft etwa 24 Stunden einweichen.

3 Ingwer fein reiben und mit Agavendicksaft zu den Senfkörnern geben.

4 Alles mit dem Stabmixer pürieren, bis eine cremige, leicht körnige Masse entsteht. Mit Salz abschmecken.

5 Den fertigen Senf in kleine Gläser füllen und gut verschließen.

Pro EL (10 g): Energie 20 kcal · Fett 1 g · Kohlenhydrate 2 g · Eiweiß 1 g · Ballaststoffe 0 g

**TIPP** Dieser fruchtig-süße Senf ist ein köstliches Mitbringsel. Im Kühlschrank hält er sich mehrere Monate. Wer eine exotische Note schätzt, kann noch zwei Messerspitzen Curry dazugeben.

# KARTOFFELGRATIN mit Grünkohl

## KLASSISCHES WINTERGEMÜSE, LECKER KOMBINIERT

### FÜR DAS KARTOFFELGRATIN

150 ml Sahne
300 ml Milch (3,5 %)
1 Ei
1 Knoblauchzehe
1 kg Kartoffeln, mehlig- oder vorwiegend festkochend
Salz, Pfeffer, Muskatnuss, frisch gerieben

### FÜR DEN GRÜNKOHL

800 g Grünkohl
2 Zwiebeln
2 EL Rapsöl
100 ml Apfelsaft
Salz, Pfeffer, Muskatnuss, frisch gerieben

### VARIATION

Das Kartoffelgratin schmeckt auch zu Wirsing, Spinat oder Rosenkohl sehr lecker.

### KARTOFFELGRATIN

1 Sahne und Milch mit dem Ei gut verquirlen und mit Salz, Pfeffer und Muskatnuss sowie der gepressten Knoblauchzehe kräftig würzen.

2 Kartoffeln waschen, schälen und in dünne Scheiben schneiden oder hobeln. Die Kartoffelscheiben mit der Sahnesoße gut vermischen und in eine flache Auflaufform geben. Die Kartoffeln sollten von der Soße bedeckt sein, ansonsten noch etwas Milch zugießen.

3 Die Form in den kalten Backofen schieben und bei 200 °C (Umluft 180 °C) ca. 40 Minuten backen, bis die Kartoffeln gar sind.

### GRÜNKOHL

1 Von dem Grünkohl die dicken Blattrippen herausschneiden und die Blätter in feine Streifen schneiden.

2 Zwiebeln fein würfeln und in Rapsöl hell anschwitzen.

3 Grünkohl zu den Zwiebeln geben und kurz mitdünsten.

4 Mit Salz und Muskatnuss würzen und mit Apfelsaft begießen. Bei kleiner Hitze etwa 30 Minuten garen.

5 Grünkohl mit Salz, Pfeffer und Muskatnuss abschmecken und zu dem Kartoffelgratin servieren.

Energie 425 kcal · Fett 21 g · Kohlenhydrate 43 g · Eiweiß 14 g · Ballaststoffe 7 g

# Hülsenfrüchte

## AUF DEM MARKT
Sie sind ein echtes Multi-Kulti-Gemüse. Die bunten getrockneten Samen stammen aus aller Herren Länder. Eine große Auswahl bieten Naturkostläden. Dort finden Sie neben Linsen, Bohnen, Erbsen und Kichererbsen auch die kleinen schwarzen Belugalinsen, grüne Mung- oder gelbe Sojabohnen sowie die heimische Alblinse.

## FÜR DEN KÖRPER
Den alten Ägyptern waren Linsen so kostbar, dass sie sie den Toten mit ins Grab legten. Wir schätzen die Hülsenfrüchte wegen ihrer wertvollen Inhaltsstoffe. Ihr hoher Eiweißgehalt versorgt uns vor allem in Kombination mit Getreide oder Kartoffeln mit wertvollen Aminosäuren. Aber auch ihre Mineral- und Ballaststoffe sowie B-Vitamine sichern Linsen, Erbsen und Bohnen einen festen Platz auf dem Speiseplan.

## IN DER KÜCHE
Wer nach Rezepten jenseits von Linseneintopf und Bohnensuppe sucht, muss nur in die Kochtöpfe anderer Länder schauen. Die Inder beherrschen die Kunst, rote, gelbe und braune Linsen in würzige Suppen und Soßen zu verwandeln, der Orient hat mit Falafel und Hummus Köstlichkeiten aus Kichererbsen geschaffen und die Lateinamerikaner verstehen es, alle Arten von Bohnen als Püree, Füllungen und in Chilis in Szene zu setzen. Linsen und Bohnen sind auch lecker als Salat, als Bratlinge oder Auflauf. Wegen schwer verdaulicher Inhaltsstoffe sollten die Früchtchen aus der Hülse immer ausreichend gegart auf den Tisch kommen. Vorheriges Einweichen erhöht die Bekömmlichkeit und verkürzt die Kochzeit.

### GARZEITEN VON HÜLSENFRÜCHTEN

| Hülsenfrucht | Einweichzeit in Std. | Garzeit in Min. |
|---|---|---|
| Kichererbsen | 6–12 | 60–80 |
| Erbsen | 6–12 | 60–80 |
| Bohnen | 6–12 | 45–60 |
| Linsen, ungeschält | 1–4 | 20–30 |
| Gelbe und rote Linsen, geschält | | 10–15 |

## STECKBRIEF
*Botanischer Name:* Leguminosae
*Angebot:* rote, weiße, grüne, schwarze Bohnen, Erbsen, Kichererbsen und vielerlei Arten von Linsen wie Tellerlinsen, Berglinsen, Belugalinsen, rote, grüne und schwarze Linsen
*Wichtige Inhaltsstoffe:* Kohlenhydrate, Eiweiß, Ballaststoffe, Eisen, Zink, sekundäre Pflanzenstoffe

## ZUBEREITUNG
Gekeimt oder gekocht als Salat, Suppe, Eintopf, Auflauf, Bratlingsmasse, Brotaufstrich.

# LINSENPUFFER mit Steckrübenragout

## NEUER EINSATZ FÜR EINE ALTE GEMÜSEART

### FÜR DIE LINSENPUFFER

| | |
|---|---|
| 150 g | grüne oder braune Linsen |
| 400 ml | Wasser |
| 1 kleine | Zwiebel |
| 2 kleine | Eier |
| 4 EL | Petersilie, gehackt |
| 2–6 EL | Vollkornmehl |
| 1 | Knoblauchzehe |
| 1–2 EL | Rapsöl zum Ausbacken |
| | Kräutersalz, Currypulver, Kreuzkümmel (Cumin), gemahlen |

### FÜR DAS STECKRÜBENRAGOUT

| | |
|---|---|
| 500 g | Steckrübe |
| 1 große | Zwiebel |
| 1 EL | Rapsöl |
| 2 | Äpfel |
| 1 EL | Currypulver, mild |
| 100 ml | Apfelsaft |
| 150 g | Schmand oder saure Sahne |
| | Kräutersalz, Pfeffer, Muskatnuss, gerieben |

### LINSENPUFFER

1 Linsen über Nacht in Wasser einweichen.

2 Am nächsten Tag übriges Wasser abgießen, auffangen und tropfnasse Linsen mit Gewürzen pürieren. Evtl. noch etwas Einweichflüssigkeit dazugeben.

3 Zwiebel fein hacken und mit den Eiern und der Petersilie unter die Masse heben.

4 Rapsöl in einer Pfanne erhitzen, jeweils einen Esslöffel Linsenmasse in die Pfanne geben, mit dem Löffel flach drücken und Puffer von beiden Seiten ausbacken.

### STECKRÜBENRAGOUT

1 Steckrübe schälen und in Würfel schneiden.

2 Zwiebel würfeln und in Rapsöl andünsten. Steckrübenwürfel dazugeben und ca. 5 Minuten mitschmoren.

3 Äpfel ebenfalls in Würfel schneiden und mit Currypulver unter die Steckrübenwürfel rühren. Kurz mitschmoren lassen, dann Apfelsaft dazugießen und mit Kräutersalz würzen. Bei geschlossenem Deckel ca. 15–20 Minuten köcheln lassen, bis die Steckrüben gar sind.

4 Schmand oder saure Sahne unterrühren und mit Pfeffer und Muskatnuss abschmecken.

5 Zu den Linsenpuffern servieren.

Energie 395 kcal · Fett 16 g · Kohlenhydrate 43 g · Eiweiß 16 g · Ballaststoffe 13 g

# ROSENKOHL-KARTOFFELQUICHE

## SPEZIALITÄT MIT EINEM GENIALEN TEIG

### FÜR DEN TEIG

| | |
|---|---|
| 500 g | mehligkochende Kartoffeln |
| 150 g | Vollkornmehl |
| 50 g | Weizenvollkorngrieß |
| 1 | Ei |
| | Salz, Muskatnuss, frisch gerieben |

### FÜR DEN BELAG

| | |
|---|---|
| 600 g | Rosenkohl |
| 125 ml | Milch (3,5 %) |
| 125 ml | Sahne |
| 1 | Ei |
| 80 g | Emmentaler oder anderer Hartkäse |
| 1 Msp. | Paprikapulver |
| | Kräutersalz, Muskatnuss, Pfeffer |

### VARIATION

Wenn Rosenkohl nicht zu Ihrem Lieblingskohl gehört, dann probieren Sie die Quiche einfach mit Brokkoli oder Blumenkohl als Belag.

### TEIG

1 Kartoffeln mit Schale gar kochen. Etwas abkühlen lassen, pellen und durch die Kartoffelpresse drücken.

2 Kartoffeln mit Vollkornmehl, Grieß, Ei, Salz und Muskatnuss zu einem Teig verkneten. Teig in eine gefettete Quicheform drücken, seitlich einen Rand hochziehen.

### BELAG

1 Rosenkohlröschen am Strunk kreuzweise einritzen. In wenig gesalzenem Wasser 15–20 Minuten gar köcheln lassen.

2 Für den Guss Milch, Sahne und Ei verquirlen und mit Kräutersalz, Muskatnuss und Pfeffer abschmecken.

3 Abgetropften Rosenkohl auf dem Teig verteilen und den Guss darübergießen.

4 Käse fein reiben und über der Quiche verteilen. Zum Schluss mit etwas Paprikapulver bestäuben.

5 Im vorgeheizten Backofen ca. 30 Minuten bei 200 °C backen.

Energie 500 kcal · Fett 21 g · Kohlenhydrate 52 g · Eiweiß 24 g · Ballaststoffe 12 g

# HIRSOTTO mit gebratenen Bananen

## ORIGINELLE ALTERNATIVE ZUM ÜBLICHEN RISOTTO

### ZUTATEN

| | |
|---|---|
| 300 g | Möhren |
| 200 g | Pastinake |
| 1 große | Zwiebel |
| 1 | Knoblauchzehe |
| 1 EL | Rapsöl |
| 3 EL | Sultaninen |
| 200 g | Hirse |
| 450–500 ml | Wasser |
| 4 EL | Cashewkerne |
| 2 | Bananen |
| 1 EL | Rapsöl |
| | Salz, Cayennepfeffer, Kurkuma |

1 Möhren und Pastinake in kleine Würfel schneiden.

2 Zwiebel und Knoblauchzehe fein würfeln und in einem großem Topf in Rapsöl andünsten.

3 2 EL Kurkuma, Möhren, Pastinaken und Sultaninen zu den Zwiebelwürfeln geben und kurz mitschmoren.

4 Hirse unterrühren, mit Wasser aufgießen und 25–30 Minuten bei kleiner Hitze köcheln lassen.

5 Cashewkerne in einer Pfanne ohne Fett goldbraun rösten.

6 Bananen schräg in Scheiben schneiden, mit Kurkuma bestäuben und in Öl von beiden Seiten kurz anbraten.

7 Hirsotto mit Salz und Cayennepfeffer abschmecken und mit gebratenen Bananen und den Cashewkernen bestreut servieren.

Energie 410 kcal · Fett 12 g · Kohlenhydrate 64 g · Eiweiß 9 g · Ballaststoffe 7 g

# APFELWIRSING mit Bandnudeln

## EIN LEIBGERICHT FÜR DIE GANZE FAMILIE

### ZUTATEN

| | |
|---|---|
| 1 | kleiner Wirsing (ca. 800 g) |
| 1 | Zwiebel |
| 2 EL | Rapsöl |
| ½ | Chilischote |
| 1 TL | Kümmel |
| 2 | Äpfel |
| 350 g | Bandnudeln |
| 150 g | Schmand oder saure Sahne |
| | Apfelsaft |
| | Salz |

### VARIATION

Die Schärfe der Chilischote harmoniert wunderbar mit der Süße des Apfels. Wem Chili zu hot ist, kann mit roten Pfefferkörnern für eine mildere Schärfe sorgen.

1 Wirsing vierteln, Strunk herausschneiden und Blätter in feine Streifen schneiden.

2 Zwiebel in Ringe schneiden und in einer großen Pfanne in Rapsöl andünsten. Wirsing dazugeben und mit Salz, fein gehackter Chilischote und Kümmel würzen. Bei geschlossenem Deckel 5–10 Minuten schmoren lassen, evtl. etwas Apfelsaft zugeben.

3 Äpfel in kleine Würfel schneiden und 5 Minuten mitdünsten.

4 Nudeln in reichlich gesalzenem Wasser gar kochen, abgießen und mit dem Wirsing vermengen.

5 Zum Schluss den Schmand bzw. die saure Sahne unterrühren, das Gericht danach nicht mehr aufkochen lassen.

Energie 490 kcal · Fett 12 g · Kohlenhydrate 76 g · Eiweiß 17 g · Ballaststoffe 10 g

### TIPP

Eine andere Geschmacksnote ergibt sich, wenn Sie anstelle von Äpfeln getrocknete Tomaten verwenden.

# KARTOFFELGULASCH mit gebratenen Austernpilzen

## DEFTIGER EINTOPF – GENAU RICHTIG FÜR KALTE TAGE

### ZUTATEN

| | |
|---|---|
| 800 g | Kartoffeln, vorwiegend festkochend |
| 1 | Zwiebel |
| 2 EL | Rapsöl |
| 1 | Lorbeerblatt |
| 400 ml | Wasser |
| 250 g | Sauerkraut |
| 300 g | Austernpilze |
| 1 EL | Olivenöl |
| 100 g | saure Sahne |
| 1 | Knoblauchzehe |
| 3 EL | Petersilie, frisch gehackt |
| | Salz, Pfeffer, Paprikapulver, Kümmel |

1 Kartoffeln schälen und in größere Würfel schneiden.

2 Zwiebel fein würfeln und in Rapsöl anschwitzen. Kartoffelwürfel dazugeben, mit Paprikapulver, Kümmel und Lorbeerblatt würzen und mit Wasser auffüllen.

3 Sauerkraut etwas kleinschneiden, zu den Kartoffeln geben und ca. 20–25 Minuten köcheln lassen, bis die Kartoffeln gar sind.

4 Austernpilze in breite Streifen schneiden und in Olivenöl anbraten. Mit Salz, Pfeffer und Paprikapulver abschmecken.

5 Kartoffelgulasch mit saurer Sahne, zerdrückter Knoblauchzehe, Salz und Pfeffer abschmecken.

6 Kurz vor dem Servieren gebratene Austernpilze zugeben und mit gehackter Petersilie bestreut servieren.

Energie 235 kcal · Fett 10 g · Kohlenhydrate 27 g · Eiweiß 7 g · Ballaststoffe 9 g

### TIPP

Anstelle von Austernpilzen können Sie auch braune Champignons nehmen.

# Pilze

## AUF DEM MARKT

In dichten Trauben sprießen Champignons, Austernpilze und Kräuterseitlinge auf verrottenden Stroh- oder Häckselballen. Als echte Schmarotzer fühlen sich Zuchtpilze auf totem organischen Material besonders wohl. In der gewerblichen Pilzzucht wachsen die Fruchtkörper in klimatisierten Hallen heran. Als weiße oder braune Champignons, Austernpilze, Shiitake und Kräuterseitlinge gelangen sie dann in die Geschäfte. Genuss aus der freien Natur bieten Steinpilze, Pfifferlinge, Morcheln und Röhrlinge, die es aus frisch aus dem Wald im Sommer und Herbst zu kaufen gibt.

## FÜR DEN KÖRPER

Pilze zählen zu den wenigen pflanzlichen Vitamin-D-Lieferanten. Da das Vitamin in den sonnenarmen Wintermonaten besonders knapp ist, können Austernpilze und Champignons in der dunklen Jahreszeit ruhig häufiger auf den Tisch kommen.

Auch andere Kulturen wissen die Pilze zu schätzen. Die traditionelle chinesische Medizin beispielsweise nutzt die Heilwirkung vieler Pilze. Moderne Studien bescheinigen Shiitake und Seitlingen einen immunstärkenden und krebsabwehrenden Effekt.

Zu bedenken ist, dass Wildpilze nach dem Reaktorunfall in Tschernobyl 1986 weiterhin mit radioaktivem Cäsium belastet sind.

## IN DER KÜCHE

Sie sollten die Pilze nicht in viel Wasser waschen, sondern nur abbürsten und kurz abbrausen, damit der Geschmack erhalten bleibt. Die Schale bei Champignons bleibt dran und auch der Stiel kann mitgegessen werden. Champignons können roh in den Salat kommen. Alle anderen Pilze sind in rohem Zustand unbekömmlich und müssen vor dem Verzehr erhitzt werden. Pilze dürfen, anders als oft angenommen, durchaus wieder aufgewärmt werden. Einmal erhitzte Pilze müssen allerdings kühl aufbewahrt werden. Getrocknet verleihen Steinpilze, Morcheln und Trüffel Suppen und Soßen ein würziges Aroma.

## STECKBRIEF

*Botanischer Name:* verschiedene wie Agaricus (Champignons), Pleurotus ostreatus (Austernpilz) oder Boletus (Dickröhrlinge wie Steinplize)
*Wichtige Inhaltsstoffe:* Vitamin D und B-Vitamine
*Angebot gezüchtet:* weiße oder braune Champignons, Austernpilze, Shiitake und Kräuterseitlinge
*Angebot aus Wildsammlung:* Steinpilze, Pfifferlinge, Morcheln und Röhrlinge

## ZUBEREITUNG

Gedünstet, geschmort in Ragouts oder Suppen, auf der Quiche oder im Risotto. Champignons auch roh im Salat.

Steinpilz
Krause Glucke
Milchbrätling
Shiitake
Rotkappe
Egerling
Herbsttrompete
Semmelstoppel
Pfifferling
Champagnerkorken
Winterling

# CHICORÉE-ORANGENGRATIN

## ZARTES OFENGEMÜSE – HERB UND FRUCHTIG

### ZUTATEN

| | |
|---|---|
| 1 große | Bio-Orange |
| 600 g | Chicorée |
| 2 EL | Butter |
| 100 ml | Sahne |
| 200 ml | Milch (3,5 %) |
| 1 | Ei |
| 1 EL | Tomatenmark |
| | Salz, Pfeffer, Muskatnuss |

1 Orange in Filets schneiden und austretenden Orangensaft auffangen.

2 Chicoréestauden längs halbieren und den Strunk keilförmig herausschneiden. Chicoréehälften mit Orangensaft beträufeln.

3 Butter in einer Pfanne erhitzen und Chicoréehälften etwa 10 Minuten bei geschlossenem Deckel schmoren.

4 Sahne, Milch, Ei und Tomatenmark gut verquirlen und mit Salz, Pfeffer und Muskatnuss abschmecken.

5 Eine Auflaufform fetten, Chicoréehälften hineinlegen und Orangenfilets dazwischen verteilen. Mit der Eiermilch übergießen und im Backofen bei 180 °C 20–30 Minuten backen.

Dazu schmeckt Naturreis oder eine Wildreismischung sehr gut.

Energie 215 kcal · Fett 16 g · Kohlenhydrate 11 g · Eiweiß 6 g · Ballaststoffe 3 g

# WIRSINGRÖLLCHEN mit Roggenfüllung

## GRÜNE ROULADEN MIT KERNIGER FÜLLUNG

### ZUTATEN

| | |
|---|---|
| 8 | große Wirsingblätter |
| 120 g | Roggen, grob geschrotet |
| 300 ml | Wasser |
| 1 EL | Thymian oder Majoran, getrocknet |
| 1 | Zwiebel |
| 1 EL | Olivenöl |
| 40 g | eingelegte, getrocknete Tomaten oder eingelegte Paprika |
| 1 | gekochte Kartoffel (vom Vortag) |
| | Kräutersalz, Pfeffer, Paprikapulver |

1 Äußere Wirsingblätter vorsichtig vom Kohlkopf entfernen und starke Mittelrippe etwas herausschneiden. In wenig kochendem Wasser oder über Wasserdampf kurz blanchieren und abkühlen lassen.

2 Roggenschrot mit Wasser und Kräutern zum Kochen bringen, unter Rühren 5 Minuten köcheln und bei geringer Hitze 20 Minuten ausquellen lassen.

3 Zwiebel sehr fein würfeln und in Olivenöl andünsten.

4 Eingelegte Tomaten bzw. Paprika in ganz kleine Würfel schneiden und zusammen mit den Zwiebelwürfeln unter den Roggen mischen.

5 Kartoffel mit der Gabel zerdrücken und mit der Masse vermischen. Mit Paprikapulver, Kräutersalz und Pfeffer kräftig abschmecken.

6 Jeweils etwas Füllung auf ein Wirsingblatt geben, die Wirsingblätter seitlich einschlagen und vom Strunk her zu Röllchen aufrollen.

7 Die Röllchen mit der offenen Seite nach unten in eine Pfanne setzen, etwas gesalzenes Wasser zugeben und bei geschlossenem Deckel ca. 10 Minuten garen.

Dazu schmeckt eine Tomaten- oder Käsesoße gut.

Energie 180 kcal · Fett 4 g · Kohlenhydrate 27 g · Eiweiß 7 g · Ballaststoffe 7 g

### TIPP

Die inneren Wirsingblätter lassen sich für den Apfelwirsing (S. 162) verwenden oder kommen in Streifen geschnitten in einer bunten Gemüsesuppe prima zur Geltung.

# ORANGEN-GRIESSFLAMMERI

## SÜSSER WINTERTRAUM AUS DEM OFEN

### ZUATEN

| | |
|---|---|
| 70 g | Rosinen |
| 3 | Bio-Orangen, Schale und Saft |
| 600 ml | Milch (3,5 %) |
| 1 Msp. | Ingwer, frisch gerieben |
| 1 Msp. | Vanille, gemahlen |
| 150 g | Weizenvollkorngrieß |
| 2 | Eier |
| 100 g | Honig |
| 50 g | Mandeln, gemahlen |
| 150 g | Magerquark |
| | Honig, zum Abschmecken |

1 Rosinen und die Schale einer Orange im Saft einer Orange einweichen.

2 Milch mit Ingwer und Vanille erwärmen. Weizenvollkorngrieß einrühren und unter Rühren aufkochen lassen. 2–3 Minuten köcheln und dann bei geringer Hitze ausquellen lassen.

3 Unter den etwas ausgekühlten Grieß die eingeweichten Rosinen mit Saft mischen.

4 Eier trennen und Eigelbe schaumig schlagen. Anschließend Quark, 50 g Honig, Grieß sowie gemahlene Mandeln unterrühren.

5 Eiweiße steif schlagen und zum Schluss den restlichen Honig mitschlagen. Eischnee unter die Grießmasse heben und alles in eine gefettete Auflaufform füllen.

6 Im Backofen 30–40 Minuten bei 180 °C backen.

7 Die zwei übrigen Orangen schälen, vierteln und quer in Scheiben schneiden, mit etwas Honig abschmecken und zur Flammeri servieren.

Die Flammeri schmecken warm und kalt sehr lecker.

Energie 525 kcal · Fett 16 g · Kohlenhydrate 70 g · Eiweiß 23 g · Ballaststoffe 9 g

# Wintermenü

SALAT

## LINSENSALAT

MIT ORANGENVINAIGRETTE

HAUPTSPEISE

## SEMMELKNÖDEL

MIT APFELROTKOHL UND PILZRAGOUT

DESSERT

## KIWISORBET

MIT ORANGENCREME

Variation: Scharfer Linsensalat → Ordner

SALAT

# Linsensalat mit Orangenvinaigrette

### FÜR DIE ORANGENVINAIGRETTE

| | |
|---|---|
| ½ | Bio-Orange, ausgepresst |
| 2 EL | Balsamico bianco |
| 2–3 EL | Rapsöl |
| 1 TL | Senf |
| | Salz, Pfeffer |

### FÜR DEN LINSENSALAT

| | |
|---|---|
| 100 g | grüne oder braune Linsen |
| 1 | Lorbeerblatt |
| 1 Zweig | Thymian, getrocknet |
| 300 ml | Wasser |
| 1 | Schalotte |
| 80 g | Rucola |
| 100 g | Radicchio |
| | Salz, Pfeffer |

### ORANGENVINAIGRETTE

Orangensaft, Balsamico, Öl und Senf verquirlen und mit Salz und frisch gemahlenem Pfeffer würzen.

### LINSENSALAT

1 Linsen mit Lorbeerblatt und Thymian in Wasser aufkochen und ca. 20 Minuten köcheln lassen, bis die Linsen gar, aber noch nicht zu weich sind. Nach dem Garen Kräuter entfernen und Linsen mit Salz und Pfeffer würzen.

2 Zwei Drittel der Orangenvinaigrette unter die warmen Linsen rühren.

3 Schalotte in feine Ringe schneiden, ebenfalls zu den Linsen geben.

4 Rucola und Radicchio in mundgerechte Stücke zerpflücken. Blattsalate auf Tellern verteilen, mit der restlichen Vinaigrette beträufeln und den Linsensalat darauf setzen.

Energie 155 kcal · Fett 7 g · Kohlenhydrate 15 g · Eiweiß 7 g · Ballaststoffe 3 g

HAUPTSPEISE

# Semmelknödel mit Apfelrotkohl und Pilzragout

**Einweichzeit: 30 Minuten**

### FÜR DIE SEMMELKNÖDEL

| | |
|---|---|
| 6 | altbackene Brötchen |
| 300–400 ml | heiße Milch (3,5 %) |
| 1 | Zwiebel |
| 1 TL | Butter |
| 2 | Eier |
| 2 EL | Petersilie, gehackt |
| | Mehl oder Semmelbrösel |
| | Salz, Pfeffer, Muskatnuss |

### FÜR DAS PILZRAGOUT

| | |
|---|---|
| 1 | Zwiebel |
| 500 g | gemischte Pilze (z. B. Champignons, Kräuterseitlinge, Shiitake) |
| 150 g | Lauch |
| 1 EL | Rapsöl |
| 50 ml | Weißwein oder Gemüsebrühe |
| 100 ml | Sahne |
| | Kräutersalz, Paprikapulver, Thymian |

### FÜR DEN APFELROTKOHL

| | |
|---|---|
| 700 g | Rotkohl |
| 1 | Zwiebel |
| 1 | Lorbeerblatt |
| 2 EL | Rapsöl |
| 2 kleine | Äpfel |
| 2 | Nelken |
| 2 | Pimentsamen |
| ½ | Zimtstange |
| 80 ml | Apfelsaft |
| 1–2 EL | Apfeldicksaft |
| 2 EL | Apfelessig |
| | Salz, Pfeffer |

### SEMMELKNÖDEL

1 Brötchen in kleine Würfel schneiden und mit heißer Milch übergießen. Etwa 30 Minuten quellen lassen.

2 Zwiebel fein würfeln und in Butter kurz anschwitzen.

3 Zwiebelwürfel mit Eiern und Petersilie zu der Brötchenmasse geben und mit Salz, Pfeffer und Muskatnuss abschmecken.

4 Aus der Masse mit den Händen runde Knödel formen. Sollte der Teig zu feucht sein, etwas Mehl oder Semmelbrösel einarbeiten. Knödel in einem Siebeinsatz über köchelndem Wasser etwa 20–30 Minuten dämpfen.

### PILZRAGOUT

1 Zwiebel in Würfel, Pilze in Viertel und Lauch in Ringe schneiden.

2 Zwiebelwürfel in Rapsöl andünsten. Pilze zugeben und einige Minuten anschmoren. Pilze mit Paprikapulver bestäuben.

3 Lauch zugeben und Wein bzw. Gemüsebrühe zugießen und mit Kräutersalz sowie Thymian würzen. Ragout ca. 10 Minuten garen.

4 Mit Sahne und Pfeffer abschmecken.

### APFELROTKOHL

1 Rotkohl in feine Streifen hobeln.

2 Zwiebel fein würfeln und mit Lorbeerblatt in Rapsöl anschwitzen.

3 Äpfel in Würfel schneiden und mit dem Rotkohl und den Gewürzen zu den Zwiebelwürfeln geben. Salzen und kurz anschwitzen.

4 Apfelsaft dazugießen und bei geringer Hitze und geschlossenem Deckel ca. 25 Minuten köcheln lassen, bis der Rotkohl gar ist.

5 Gewürze entfernen und Rotkohl mit Apfeldicksaft, Apfelessig, Salz und Pfeffer abschmecken.

Energie 585 kcal · Fett 24 g · Kohlenhydrate 70 g · Eiweiß 20 g · Ballaststoffe 10 g

DESSERT

# Kiwisorbet mit Orangencreme

**Gefrierzeit: 2–3 Stunden**

### FÜR DAS KIWISORBET

| | |
|---|---|
| 300 g | Kiwis |
| 4 EL | Prosecco oder frisch gepresster Orangensaft |
| 2 EL | Honig |

### FÜR DIE ORANGENCREME

| | |
|---|---|
| 150 g | Crème fraîche oder Schmand |
| ½ | Bio-Orange, Saft und Schale |
| 1 EL | Honig |
| 1 Prise | Kardamom, gemahlen |
| 1 Prise | Zimt, gemahlen |

### KIWISORBET

1 Kiwis schälen und fein pürieren.

2 Kiwimus mit Prosecco oder Orangensaft und Honig verrühren und im Gefrierfach unter gelegentlichem Rühren 2–3 Stunden gefrieren lassen.

### ORANGENCREME

1 Die Orange abwaschen, mit dem Sparschäler zwei Streifen abschälen und diese in acht dünne Streifen schneiden. Für die Garnitur beiseite legen.

2 Für die Orangencreme Crème fraîche bzw. Schmand mit dem frisch gepressten Saft und der abgeriebenen Schale einer halben Orangen verrühren und mit Honig, Kardamom und Zimt abschmecken.

3 Orangencreme auf Tellern verteilen. Von dem nicht zu hart gefrorenen Sorbet mit einem angewärmten Löffel mundgerechte Portionen abschaben und auf die Orangencreme setzen. Mit Orangenstreifen garniert servieren.

Energie 155 kcal · Fett 9 g · Kohlenhydrate 16 g · Eiweiß 2 g · Ballaststoffe 3 g

# Anhang

# AUTORIN, FOTOGRAF & ADRESSEN

## Kathi Dittrich

Die Ernährungswissenschaftlerin ist begeisterte Hobbyköchin und verarbeitet am liebsten Obst, Gemüse und Kräuter aus dem eigenen Garten. Sie lebt seit ihrer Kindheit vegetarisch, weil Fleisch ihr einfach nicht schmeckt. Kathi Dittrich arbeitet als Fachredakteurin beim Verband für Unabhängige Gesundheitsberatung in Wettenberg bei Gießen. Zusammen mit Professor Claus Leitzmann, dem Mitbegründer des Konzepts der Vollwerternährung, verfasste sie verschiedene Kochbücher und Ratgeber.

## Christian Hacker

Der gebürtige Nürnberger studierte an der Staatlichen Fachakademie für Fotodesign in München. Geprägt von starkem geografischen Interesse widmete er sich über längere Zeit verschiedenen Landschaftsthemen. Parallel war er redaktionell und als Fotoassistent tätig bei Münchner Architektur- und Werbefotografen. Seit einigen Jahren konzentriert er sich vor allem auf das Wahrnehmen und Abbilden von Stimmungen. Für die Verbraucherzentrale hat er auch die Fotos zur „Landfrauenküche" angefertigt. Christian Hacker lebt in Berlin.

**Verbraucherzentrale Baden-Württemberg e. V.**
Paulinenstraße 47
70178 Stuttgart
Telefon: 0 18 05/50 59 99
*(0,14 €/min., Mobilfunkpreis maximal 0,42 €/min.)*
Fax: 07 11/66 91-50
www.vz-bawue.de

**Verbraucherzentrale Bayern e. V.**
Mozartstraße 9
80336 München
Telefon: 0 89/5 39 87-0
Fax: 0 89/53 75 53
www.verbraucherzentrale-bayern.de

**Verbraucherzentrale Berlin e. V.**
Hardenbergplatz 2
10623 Berlin
Telefon: 0 30/2 14 85-0
Fax: 0 30/2 11 72 01
www.vz-berlin.de

**Verbraucherzentrale Brandenburg e. V.**
Templiner Straße 21
14473 Potsdam
Telefon: 03 31/2 98 71-0
Fax: 03 31/2 98 71-77
www.vzb.de

**Verbraucherzentrale Bremen e. V.**
Altenweg 4
28195 Bremen
Telefon: 04 21/1 60 77-7
Fax: 04 21/1 60 77 80
www.verbraucherzentrale-bremen.de

**Verbraucherzentrale Hamburg e. V.**
Kirchenallee 22
20099 Hamburg
Telefon: 0 40/2 48 32-0
Fax: 0 40/2 48 32-290
www.vzhh.de

**Verbraucherzentrale Hessen e. V.**
Große Friedberger Straße 13–17
60313 Frankfurt/Main
Telefon: 0 18 05/97 20 10
*(0,14 €/min., Mobilfunkpreis maximal 0,42 €/min.)*
Fax: 0 69/97 20 10-40
www.verbraucher.de

**Verbraucherzentrale Mecklenburg-Vorpommern e. V.**
Strandstraße 98
18055 Rostock
Telefon: 03 81/2 08 70 50
Fax: 03 81/2 08 70 30
www.nvzmv.de

**Verbraucherzentrale Niedersachsen e. V.**
Herrenstraße 14
30159 Hannover
Telefon: 05 11/ 9 11 96-0
Fax: 05 11/9 11 96-10
www.verbraucherzentrale-niedersachsen.de

**Verbraucherzentrale Nordrhein-Westfalen e. V.**
Mintropstraße 27
40215 Düsseldorf
Telefon: 02 11/38 09-0
Fax: 02 11/38 09-216
www.vz-nrw.de

**Verbraucherzentrale Rheinland-Pfalz e. V.**
Seppel-Glückert-Passage 10
55116 Mainz
Telefon: 0 61 31/28 48-0
Fax: 0 61 31/28 48-66
www.verbraucherzentrale-rlp.de

**Verbraucherzentrale des Saarlandes e. V.**
Trierer Straße 22
66111 Saarbrücken
Telefon: 06 81/5 00 89-0
Fax: 06 81/5 00 89-22
www.vz-saar.de

**Verbraucherzentrale Sachsen e. V.**
Katharinenstraße 17
04109 Leipzig
Telefon: 03 41/69 62 90
Fax: 03 41/6 89 28 26
www.verbraucherzentrale-sachsen.de

**Verbraucherzentrale Sachsen-Anhalt e. V.**
Steinbockgasse 1
06108 Halle
Telefon: 03 45/2 98 03-29
Fax: 03 45/2 98 03-26
www.vzsa.de

**Verbraucherzentrale Schleswig-Holstein e. V.**
Andreas-Gayk-Straße 15
24103 Kiel
Telefon: 04 31/5 90 99-0
Fax: 04 31/5 90 99-77
www.verbraucherzentrale-sh.de

**Verbraucherzentrale Thüringen e. V.**
Eugen-Richter-Straße 45
99085 Erfurt
Telefon: 03 61/5 55 14-0
Fax: 03 61/5 55 14-40
www.vzth.de

**Verbraucherzentrale Bundesverband e. V.**
Markgrafenstraße 66
10969 Berlin
Telefon: 0 30/2 58 00-0
Fax: 0 30/2 58 00-518
www.vzbv.de